COMO CON$EGUIR UM HOMEM RICO

Jennifer Lobo e Regina Vaz

COMO CON$EGUIR UM HOMEM RICO

Dicas para encontrar amor e dinheiro

MATRIX

www.matrixeditora.com.br

Diretor editorial
Paulo Tadeu

Coordenação de textos
Renata Rode

Capa, projeto gráfico e diagramação
Allan Martini Colombo

Revisão
Adriana Wrege
Silvia Parollo

CIP-BRASIL. CATALOGAÇÃO NA PUBLICAÇÃO
SINDICATO NACIONAL DOS EDITORES DE LIVROS, RJ

Lobo, Jennifer
Como con$eguir um homem rico: dicas para encontrar amor e dinheiro / Jennifer Lobo, Regina Vaz. -- 1. ed. -- São Paulo: Matrix, 2017.
168 p. ; 21 cm.

ISBN: 978-85-8230-324-5

1. Relação homem-mulher. 2. Companheiro conjugal - Escolha. I. Vaz, Regina. II. Título.

17-40342 CDD: 306.7
CDU: 392.6

Agradeço ao meu parceiro da vida por ter entrado nela e transformado os meus sonhos em realidade. À equipe que me apoia e trabalha comigo nos projetos profissionais para que o Meu Patrocínio seja um sucesso. À vida, à saúde e ao amor, que sem eles não teria chegado aonde estou hoje.

Jennifer Lobo

Agradeço a todas as leitoras que buscam um relacionamento saudável e amoroso, pois remar a dois é mais prazeroso. A todos os profissionais que de forma direta ou indireta me apoiam, acreditam na minha capacidade e colaboram para que o meu sonho se torne realidade.

Regina Vaz

Sumário

INTRODUÇÃO

Com este livro, vamos ajudar você a encontrar e conquistar o homem com que sempre sonhou. A segurança financeira que você deseja pode ser alcançada - basta criar um plano e se dedicar a ele. Seu objetivo será encontrar um homem estável financeiramente e que lhe dê valor. Você merece essa paixão a dois: inesquecível e duradoura!

Você é uma mulher moderna do século XXI. Hoje não há mais limites para alcançar a meta desejada e até mesmo conquistar um companheiro inteligente, bem-sucedido e que sabe o que quer. É uma liberdade e um direito seu. Se você encarar assim, vai entender que não deve se sentir culpada.

Nestas páginas você vai aprender, entre muitas coisas, como escapar das "alfinetadas" e julgamentos preconceituosos da sociedade. Como evitar a perda de tempo com namoros que não levam a nada para alcançar seu sonho e objetivo.

Agora vamos aos primeiros passos. Como vivem os homens ricos? Do que gostam? O que eles não querem? O que buscam em uma parceira? É necessário que você conheça o mundo deles e aprenda a entendê-los, sem pensar na sua conta bancária!

Se você deseja se apresentar como a companheira ideal para esse homem, desperte a mulher maravilhosa e especial que há em você.

Simples: coloque em prática nossas dicas e sugestões.

Boa leitura!

CAPÍTULO 1

PASSO 1
DESCOBRINDO O QUE VOCÊ QUER

"A vida sem uma meta é completamente vazia." Sêneca

Aperte o cinto de segurança porque vamos começar nossa aventura! Os contos de fadas podem invadir sua rotina agora. Duvida? Nas próximas páginas você vai se surpreender ao descobrir que princesas e príncipes existem e foram feitos um para o outro, afinal, quem disse que o desfecho não pode ser "felizes para sempre?"

Para conquistar esse final de protagonista de cinema, é preciso ser uma mulher que SABE O QUE QUER. É necessário ser uma mulher que quer conquistar, que tem atitude positiva diante da vida e que vai em frente com seu projeto. É imprescindível deixar claro, desde já, que você deve se dar ao respeito, além de ser muito educada.

O que mais você pode ter em seu coração? Vontade de conhecer coisas novas e aprender. Acima de tudo, você tem que fazer crescer essa mulher que quer desbravar fronteiras e que almeja aproveitar o que o mundo tem de bom. NÃO é uma interesseira ou oportunista. Você se identificou com esse perfil? Então está dado o primeiro passo em direção à lição número 1.

Atenção, mulher decidida e confiante:

LIÇÃO 1

Você NÃO tem que escolher ENTRE o amor e o dinheiro. Você PODE e merece ter ambos! E para ser feliz deveria ter os dois. Um relacionamento duradouro permite conciliar esses fatores muito bem. Dinheiro com amor é uma combinação PERFEITA para qualquer ser humano. Imagine para você! Afinal, quem merece o melhor em primeiro lugar?

A rotina da vida, embora seja necessária, muitas vezes desgasta as relações familiares. As crises envolvem a vida a dois e os filhos, daí acontecem os conflitos, infidelidade, rupturas, falta de diálogo etc. Sim, esses são alguns motivos que podem provocar o divórcio, mas nenhum supera a **falta** de dinheiro.

De acordo com uma pesquisa promovida pela Kansas State University, dos Estados Unidos, a falta de dinheiro é o principal motivo de separação conjugal. O estudo, realizado com 4,5 mil casais, identificou que os assuntos financeiros não só estão no topo das causas que levam ao término do relacionamento, como também resultam em brigas mais intensas, que diminuem a satisfação do casal.

Raramente homens e mulheres conversam sobre assuntos financeiros. Eles falam de tudo: da previsão do tempo, de política, reclamam do vizinho, mas têm medo, vergonha e até receio de falar de contas, dívidas e valores. É um tabu, como se falar do aspecto econômico fosse desnecessário. Às vezes, o que é pior ainda, camuflam os problemas que a falta ou excesso de dinheiro pode causar nas relações afetivas.

Atualmente, muitos casais que se amam estão enfrentando uma crise no casamento ou namoro porque as finanças não vão bem. Podemos nos arriscar a dizer que, depois do sexo e da cumplicidade, a conta bancária é um grande termômetro do relacionamento. A mulher gosta de um homem porque o admira. Para admirar um homem é preciso que ele seja exemplo de maturidade, força, virilidade e segurança.

Se as contas de casa não vão bem, isso pode ser um catalisador para as brigas e desentendimentos, principalmente para os casais que não estão muito bem em seus relacionamentos.

As mulheres, mesmo as modernas, ainda buscam um porto seguro para se relacionar. Muitas falam que são independentes, quando têm ao seu lado um homem que garanta o conforto necessário e todos os supérfluos.

Muitos terapeutas de casal já atenderam mulheres que trabalham, batem no peito se dizendo independentes, afirmam que têm autonomia, porém todo o discurso cai por terra quando o marido é rico. Com certeza o que ela ganha deve pagar parte de seus gastos pessoais.

Uma trilha sonora açucarada pode nos levar a pensar que, em um relacionamento, somente o amor basta. Não. Na vida real isso simplesmente não acontece. A história da princesa e do plebeu vem de milênios e persegue o imaginário, mostrando que se pode ascender socialmente, mesmo que a pessoa nasça em classe social inferior.

Não há como negar: a vida financeira do casal é ponto importantíssimo na relação. Quando passa por uma dificuldade relacionada com a falta de dinheiro, o relacionamento tende a ser afetado por essa preocupação.

Apesar de dinheiro não ser sinônimo de felicidade, a falta dele pode resultar em problemas para adquirir bens de consumo. Sabe aquele ditado popular, "dinheiro não traz felicidade, manda buscar"? Então, essa é a mais pura verdade!

Tenha em mente a sua verdadeira essência para não sacrificar a sua dignidade, seu amor-próprio e sua integridade por amor ao dinheiro. Para fazer com que amor e dinheiro funcionem, você deve investir no amor.

Este livro ensina você a começar pelo contrário: já encontrando uma cara-metade realizada profissional e financeiramente.

DO QUE ELE PRECISA

Ao procurar um homem ideal, é necessário saber do que ele precisa. Independentemente de quanto ele tenha na conta bancária, um homem normalmente quer:

- Fornecer e proteger. Faz parte da natureza masculina proteger a si, a fêmea e os filhos, assim como a necessidade de prover. Ele precisa fornecer, ser provedor, para se autoafirmar perante a mulher e a sociedade. Com isso a mulher o admira mais ainda. Quando um homem enfrenta dificuldades financeiras, isso geralmente afeta a sua masculinidade. Muitas vezes ele confunde o fato de não conseguir arcar com a parte econômica com o lado afetivo.

- Validação sexual. Elogiá-lo na cama, nas preliminares e no beijo é vital. Muitos homens gostam e alguns precisam de validação sexual porque em sua grande maioria eles dão muito mais importância a isso do que nós!

- Lealdade. Um homem busca uma mulher leal, e o pior pesadelo de sua vida com relação ao cenário amoroso é a traição. Muitos homens têm somente dois medos na vida: de broxar e de ser traído.

- Alimento e suporte. O relacionamento com um homem pode ser alimentado o tempo todo, com novidades, com carinho, com companheirismo, para evitar o risco de ele se desligar ou perder o encanto, uma vez que a oferta é muito grande. Ao dar suporte ao seu homem, quando ele está com a cabeça quente por causa de um problema de trabalho ou cansado, você o fideliza e mostra a ele um porto seguro para onde sempre pode correr quando precisar.

Tomou a decisão? Então corra atrás de seu objetivo: achar alguém tão especial quanto você, que lhe dê segurança financeira para que sejam felizes no amor e até nos negócios juntos. Agora é preciso APRENDER a próxima lição.

LIÇÃO 2

VISION BOARD – como criar algo que as americanas já fazem de forma natural: o chamado "Vision Board", que aqui vamos chamar de Mural dos Desejos.

Sabe o que é? É um mural que pode ser feito de cortiça, madeira ou até mesmo de papel-cartão. Ele deve ser pendurado na parede de seu quarto, por exemplo, ou em um local em que você o visualize diariamente. Pense que esse tipo de quadro servirá para você colocar todas as suas aspirações, desde passeios e viagens com que você sonha, até o desejo de morar em uma casa grande e andar em um carro de luxo. Coloque em seu Vision Board tudo aquilo que deseja: cursos, um corpo lindo, a faculdade que não terminou, a joia que tanto quis, enfim, tudo. Junte todos os seus desejos em um só mural, para que visualize essas imagens sempre que acordar, todos os dias.

Coloque nele também fotos, poemas e frases motivadoras para expressar o que sente ao ver o que você quer conquistar. Use a criatividade e o coração para escolher aquilo que realmente espera.

O VISION BOARD FUNCIONA!

Você sabia que vários famosos já registraram o sucesso do Vision Board? A apresentadora Ellen DeGeneres usou essa técnica para profetizar seu desejo de estampar a capa da revista *O*, uma das mais importantes publicações americanas da atualidade. Já Katy Perry tirou da foto de Selena Gomez recebendo um Grammy a inspiração para imaginar como seria se ela ganhasse esse prêmio também (e olhe que ela já ganhou vários). A apresentadora Oprah Winfrey revelou que fez um Vision Board pensando no vestido que usaria na posse de Barack Obama e contou isso a Michelle, esposa do candidato à presidência dos Estados Unidos, antes da eleição, em 2008. Ambas comemoraram a vitória juntas dias depois!

Um dos exercícios mentais mais poderosos que existem é visualizar o que queremos. É a chamada lei da atração, que ficou popular graças ao livro *O Segredo*. Segundo a autora, você atrai pensamentos bons e cria uma corrente poderosa do que está visualizando, emitindo uma frequência para o Universo. De acordo com o *Psychology Today*, levantadores de peso utilizam a mesma técnica antes de erguer halteres, visualizando o exercício no fim. Esse método é utilizado há décadas por atletas olímpicos com sucesso e maestria.

"Quando estamos motivados por metas que têm significados profundos, por sonhos que precisam ser realizados, por puro amor que precisa se expressar, então nós vivemos verdadeiramente a vida." (Greg Anderson)

Agora que você já montou seu MURAL DOS DESEJOS é preciso focar o que é essencial na leitura deste livro: QUERER O MELHOR PARA VOCÊ!

Reflita sobre alguns questionamentos:

Você prefere viajar na primeira classe em vez de viajar na classe econômica em um avião?

Está focada em nunca mais se preocupar com contas ou com a falta de conforto?

É determinada a fazer acontecer a união entre felicidade, amor e dinheiro, sem problemas ou cobranças?

Se suas respostas foram SIM, você está preparada. Então, SIGA em busca do seu sonho!

MENTALIZE SEU OBJETIVO

Já que você aprendeu essa técnica que acabamos de demonstrar – de recortar uma imagem e mentalizar algo –, que tal um desafio? Já dissemos anteriormente que contos de fadas podem se tornar reais, então projete a Kate Middleton que existe em você! Temos um exercício simples de motivação que queremos que faça: recorte uma foto da duquesa de Cambridge. Você conhece a história dela? Vamos relembrar: ela namorou o príncipe William por oito anos e, mesmo sendo plebeia, em 2011 casou-se com ele e entrou para a família real. Por que queremos que você recorte a foto dela? Para lhe mostrar que o SONHO pode se tornar REAL. Kate é o exemplo mais sólido disso. Ela teve dois filhos com William: o príncipe George e a princesa Charlotte.

Agora, vamos aplicar outra técnica de ajuda muito eficiente: no lugar do rosto da princesa cole uma foto sua. Isso mesmo: faça uma montagem, se você quiser ser um dia como ela. Que tal constituir uma família linda, rica, estruturada, ser um exemplo de mulher e ter um companheiro seguro, desejável, generoso e educado? Nada mau, hein? Coloque essa inspiração em seu Mural dos Desejos e pronto! Todos os dias, ao levantar, visualize essa foto e diga que vai conseguir. Jogue essa mensagem para o Universo, que, depois de um tempo, ele devolve esse pensamento para você em forma de algo realizado.

"Definir um objetivo é o ponto de partida de toda realização." (W. Clement Stone)

Mas é claro que não é só fazendo isso que você vai ter o príncipe com que sempre sonhou a seus pés. Será preciso muita dedicação, esforço, superar desafios e obstáculos, sair da zona de conforto, ter perseverança e otimismo para que todas as etapas sejam concluídas com sucesso. Que foi? Está assustada com o que pode e vai acontecer? Leitora, você ainda não tem noção de onde pode chegar!

Agora que aprendeu a definir o que quer, precisa saber como definimos uma mulher desejável nos dias atuais.

As chamadas princesas do século XXI são moças REPLETAS DE METAS. Sim, vamos fazer uma confissão agora que pode parecer impactante: NÃO existe idade para se transformar em uma mulher decidida. Sim! A mulher de 20 anos tem tanto direito de ser feliz quanto a de 40. Basta querer! Aliás, decidir o que você quer na vida só vai levar a um objetivo: conquistar o que almeja, independentemente do número de velas que você coloca para assoprar no bolo de aniversário. O que muda? As experiências. Uma menina de 20 anos pode querer o melhor da vida baseada no fato de achar que tem muito tempo de vida pela frente. Já uma mulher de 40 pode escolher ter ao seu lado um parceiro estável, porque é o que sonha há muito tempo e/ou porque passou por situações que não quer repetir.

MODERNIZANDO A LEI DA ATRAÇÃO

Tudo bem, você aprendeu a fazer seu Mural dos Desejos ou Vision Board, mas há como aplicar e misturar técnicas com o intuito de potencializar a realização do que deseja.

Vamos elencar agora passos que podem ajudar você a aplicar a LEI DA ATRAÇÃO em sua vida, de maneira automática e eficaz.

- Escolha o material de seu Mural dos Desejos: pode ser uma placa de cortiça, uma lousa em que cole as aspirações ou um varal em que pendure as fotos, por exemplo.

- Selecione o local em que deixará esse mural: precisa ser um espaço livre, que você sempre enxergue (para que seus desejos sejam lembrados diariamente).

- Além de fotografar ou recortar um desejo, insira-se nele. Por exemplo, se você sonha em viajar para Paris, faça uma montagem com uma foto sua ao lado da Torre Eiffel, já imaginando como você ficaria feliz lá. Essa visualização é essencial.

- Ao escolher o que vai preencher seu Vision Board, não atente somente a uma parte de sua vida. Coloque lá todas as aspirações, tanto da vida pessoal quanto da profissional.

- Geralmente, um Mural dos Desejos revela o desejo de carreira da pessoa (o que ela quer conquistar na área profissional), sua aspiração amorosa (desde fotos de como seria o homem ideal até traços de sua personalidade: gostaria que ele fosse gentil, bem-humorado etc.) e sonhos de consumo, como viagens, carros, restaurantes etc.

- Nesse mural você também pode colocar o que quer conquistar em termos de sua própria evolução. Por exemplo: "Eu desejo ser uma pessoa mais compreensiva, calma, centrada e saudável".

- Além de colar fotos e fazer montagens que representem os sonhos, você pode escrever o que almeja com detalhes. Essa atitude faz parte da aplicação da Lei da Atração.

- Depois que terminar seu mural, reserve sempre alguns minutos do dia para meditar e esvaziar a mente, antes de olhá-lo novamente. Essa atividade de doar algum tempo para ouvir seu interior é importante para colocar sua vibração em harmonia.

- Mantenha segredo: você NÃO precisa ficar contando a todos o que é aquele quadro repleto de fotos e anotações. Nada de ficar expondo seus desejos às pessoas, isso é muito particular.

- Pelo menos uma vez por mês, tire um tempo para escrever tudo que o Universo tem lhe proporcionado e pratique, dessa forma, a tão desejada GRATIDÃO. Agradecer faz parte do processo evolutivo e trocar essa energia com o Universo é vital.

- Fale em voz alta o que deseja. Ao jogar as palavras para o ar, você é ouvida pelo Universo e atrai coisas boas. Acredite.

- Ao verbalizar o que deseja, repita como se já tivesse certeza de que vai conseguir aquilo. Por exemplo, a viagem a Paris. Verbalize que você já fez a viagem, que voltou de lá e adorou tudo que viu. Imagine o desejo concretizado nos mínimos detalhes.

TORNE-SE A BORBOLETA TÃO DESEJADA!

Como diz o ditado, não corra atrás das borboletas. Cuide de seu jardim que elas irão até você!

"Assim como a lagarta precisa rastejar para depois ter a transformação para borboleta e voar, os seres humanos também deveriam ter a humildade de aprender e conseguir o mesmo da natureza." (Gilberto Martini Refatti)

Voltando à definição de mulher moderna, foi-se o tempo em que nós vivíamos sob a sombra do parceiro e não tínhamos talento. A tal mulher desejável, a qual apelidamos aqui carinhosamente de princesa, tem atitude, boa formação, talento e um ideal bem projetado. Sim, você, que está lendo isto agora, é a chamada "pedra preciosa não lapidada", ou seja, pode ter tudo em sua essência para ser feliz, mas ainda não percebeu isso.

Vamos bater na mesma tecla: uma mulher pode se tornar desejável sem ser vulgar. O que a diferencia das outras candidatas que vão tentar encantar os homens ricos? Conhecimento. Sim, você terá um dia tudo isso, mas, depois de ler o primeiro capítulo e ter certeza do que quer, precisa "desenhar" como será seu homem ideal. É necessário escolher as virtudes do seu futuro par, sabendo muito bem qual é seu foco.

Lembre-se: a partir do momento que você se define como mulher poderosa, traça um objetivo e reúne qualidades para concretizá-lo, meio caminho está andado. Saiba que NÃO interessa de onde você vem, seu sonho pode se tornar real. Se você comprar a ideia que formulamos anteriormente – investir em si mesma, aprimorar sua apresentação, buscar sempre ultrapassar fronteiras e não ter medo do desconhecido –, o sonho se tornará realidade.

O MANTRA DA MULHER SEGURA

É claro que nem todos os dias acordamos com a disposição que queríamos, com um cabelo invejável, beleza e alegria infinitos. Nesses dias ruins e nos momentos em que algo procura puxar você para baixo, repita o seguinte mantra:

1. Eu sou inteligente, bela e segura.
2. Sim, eu sou inteligente, bela e segura.
3. Eu sou inteligente e sempre estou bela e segura.
4. Eu sou, eu sinto, eu acredito.
5. Eu sou uma mulher segura que merece o melhor.

Esse mantra deve servir e ser repetido cem vezes, se necessário, e em voz alta. Não deixe que nada nem ninguém atrapalhe sua confiança ou danifique sua autoestima.

Ah, claro, você também pode adicionar outras palavras positivas ao mantra original ou montar seu próprio mantra. Quer uma dica? Depois de montar o seu, escreva-o em uma folha grande ou imprima e deixe em um local visível; pode ser ao lado do seu Vision Board.

Que foi? Está duvidando de que essa técnica funcione? Lembra-se do livro *O Segredo*? Sim, trate de exteriorizar o que quer, que o Universo faz o resto. Repita esse mantra várias vezes ao dia, durante um mês e meio, e você vai ver a diferença!

ANTES DE TUDO, ORGANIZE SUA VIDA

Antes de querer procurar o parceiro certo para um relacionamento, você precisa ter uma vida e mantê-la organizada. Ninguém quer estar perto de gente sem objetivos. Ah, outra coisa: ninguém quer estar com alguém que vive cheio de problemas. Em vez de reclamar da vida, faça o positivo acontecer. Independência, determinação, otimismo, alegria e bom humor são características que normalmente um milionário busca em uma companheira. Se você demonstrar firmeza e segurança em suas atitudes, vai deixar seu pretendente mais à vontade.

Uma das coisas de que os homens mais desgostam na relação é a síndrome de perseguição. Se o homem sentir que você é insegura e que precisa dele para tudo, com o tempo vai se sentir sufocado e deve pular fora, pois não quer problemas na vida dele, e sim uma mulher bonita e apaixonante. Seja independente, mas de uma forma delicada, para não assustar seu futuro companheiro, ok?

Outra coisa: mantenha sua integridade. Não é porque falamos que você deve conhecer vários homens para escolher o melhor, que vai sair por aí comparando os casos ou expondo os pretendentes. Saiba ser discreta, porque você está numa busca só sua, de felicidade. Cuidado ao comentar essa decisão com amigos; possivelmente eles vão criticar você. Quanto mais segredo mantiver sobre sua jornada, melhor. A sua vida não precisa ser um livro aberto. Quanto mais você se expuser, mais vão dar palpites na sua vida. Preserve-se!

Outra lição importante: nunca deixe de ser uma menina. Já ouviu dizer que homens são sempre apaixonados por Lolitas? Então vamos explicar de onde vem esse termo: ele se refere a um romance inglês escrito por Vladimir Nabokov em 1955. Na história, um professor de poesia se apaixona por sua enteada, Lolita, de 12 anos de idade – daí a origem do termo. *Lolita* foi um dos romances mais polêmicos já publicados no mundo. Continuando nosso raciocínio, homens gostam de mulheres que são meninas, e não estamos falando só de idade, estamos falando de atitudes. Seja feminina e pareça delicada. Muitos homens adoram mulheres assim. Você deve ser forte e independente na medida certa, com uma dose de charme e sedução, é claro. Ainda que hoje em dia homens e mulheres se confundam porque assumiram tarefas e papéis quase iguais na sociedade, no relacionamento isso não acontece. Você deve ser sempre a "menininha" delicada, frágil e misteriosa. Acredite!

A dica primordial deste capítulo é: NÃO coloque no seu parceiro a responsabilidade de ser feliz. Não ache que só por estar com alguém você será plena e bem-sucedida. Se a expectativa for muito grande, você vai se frustrar, além de superestimar a relação e assustar possíveis pretendentes. Deixe as coisas acontecerem, seja sincera e esteja de coração aberto. Lembre-se, você é uma mulher alegre, feliz e completa, por isso quer e merece um homem rico, amoroso e gentil. Resumindo, não entre em um relacionamento na esperança de criar uma existência extraordinária; fazemos isso para compartilhar a vida com alguém.

O segundo passo é mudar seu estilo de vida para dar prioridade à sua vida amorosa, mas sem sustos ou cobranças. Apenas estamos dizendo que em vez de gastar seu tempo com coisas sem valor ou que não a levarão a lugar algum, passe mais horas se dedicando a você e à sua busca. Até porque, quando você achar alguém e imaginar que ele pode ser um pretendente legal, vai gastar tempo com isso, certo? Mas cuidado: é um erro restringir seu círculo social apenas a homens. Trata-se de ter uma vida social, familiar, pessoal e profissional saudável e aberta a possibilidades. Sem neuras.

Agora que você definiu o que quer, a pergunta que não pode calar: como se CONQUISTA um milionário?

No próximo capítulo veremos como escolher o tipo de homem ideal, afinal, é difícil gozar de uma boa vida e ser verdadeiramente feliz quando você tem de se preocupar com uma coisa tão básica quanto pagar uma consulta ao dentista. Está preparada? Então vamos lá!

CAPÍTULO 2

LISTA DE DESEJOS
O QUE ENCONTRAR NO SEU HOMEM IDEAL

"A felicidade é uma borboleta que, sempre que perseguida, parecerá inatingível; no entanto, se você for paciente, ela pode pousar no seu ombro." Nathaniel Hawthorne, escritor

Antes de falarmos das características do homem que você vai conquistar, precisamos listar os princípios da mulher ideal, porque você deve se tornar DESEJÁVEL para atrair o parceiro que merece, certo? Marque esta página do livro, mentalize:

- Você deve saber quais são os benefícios de ficar com um homem rico e ter certeza de que É ISSO que você quer!

- Ela pensa num relacionamento que dure, mas sabe que o relacionamento NÃO dura se ela se apaixona somente pelo dinheiro.

- A mulher desejável faz o que é bom para o coração: é bondosa, se VALORIZA e seu discurso é coerente com suas atitudes.

- Ela tem atitude, sabe que merece o melhor e NÃO tem vergonha disso.

- Se você é vegetariana, não vá ao açougue perguntar por alface! Seja OBJETIVA na vida, tenha foco e não perca tempo.

- A mulher poderosa sabe onde está e tem suas METAS bem definidas. Nada a tira do seu caminho e ela não pega atalhos.

- Algumas de suas principais características são foco e determinação.

- Ela deve estar sempre bem cuidada e vestida adequadamente para os diferentes tipos de ambientes. Para o dia a dia, uma maquiagem básica (base, rímel, batom e blush), unhas feitas e cabelos cuidados. Sair na rua desarrumada e de cara lavada, NUNCA mais!

Agora que você já sabe quais são os princípios da mulher poderosa, podemos partir para o "desenho" do que seria um par ideal para você.

Quando mulher e homem têm características parecidas, aumenta a possibilidade de terem um relacionamento duradouro. Por exemplo, se você é uma mulher ativa, que deseja ter um dia seu próprio negócio, não deve procurar um parceiro que quer alguém que fique dentro de casa. Assim como existe esse tipo de homem rico, também encontraremos outros que preferem companheiras mais ativas, que pensam como eles e, inclusive, os ajudam nos negócios.

A grande maioria dos homens ricos tem como base a sinceridade no relacionamento. Para eles é natural que o homem seja o provedor da casa desde o começo, por isso EXIGEM que você também seja transparente com relação ao que deseja. Nesse momento, em hipótese alguma minta ou esconda informações. Se fizer isso, você pode ter problemas no futuro, tais como ser infeliz com o tipo de vida que escolheu ou se passar por mentirosa.

Depois de descobrir o que você quer, é preciso entender como você IMAGINA seu parceiro. Você só vai chegar ao resultado perfeito se montar de verdade o quebra-cabeça do companheiro ideal. A gente sabe que não existe Brad Pitt dando sopa por aí, por isso, seu futuro par não precisa ter 10 das 10 características que você escolher, mas necessariamente deve ter algumas das que você goste. Ninguém é perfeito, mas você deve analisar seu par e descobrir o que realmente admira nele. Ah, o respeito deve ser mútuo. Se ele tem apenas 4 das 10 características que você espera em um companheiro, avalie se elas são importantes o suficiente para você continuar o relacionamento.

Comece pensando no que você quer para a sua vida: seu parceiro precisa almejar algo bem parecido. Parece complicado montar o protótipo do companheiro ideal, mas não é. Isso é tão simples quanto comprar uma revista. Basta saber se você quer ler sobre esportes ou cabelos. Quer ver? Vamos lá!

No primeiro capítulo, você já iniciou seu caminho. Ao saber o que realmente é importante em sua vida, você vai começar a enviar um sinal forte e consistente de que vai atrair um PAR que tem valores e objetivos semelhantes aos seus.

O segundo passo é começar a imaginar esses sonhos conquistados ao lado de uma pessoa e como você se sentiria perto dela. Como seria acordar ao seu lado, como ela a apoiaria, como seriam as refeições, as viagens, os momentos antes de dormir, os carinhos, enfim, TUDO.

Faça as seguintes perguntas a si mesma (elas vão ajudá-la a montar o quebra-cabeça do homem ideal):

- Como eu gostaria de me sentir ao acordar de manhã ao lado do meu homem?
- Que estilo de vida vamos levar?
- Como gostamos de nos divertir?
- Não pretendo trabalhar: quero cuidar de mim, da casa e de nós – e ele concorda com isso?
- Temos ou queremos filhos?
- Estamos dispostos a aceitar filhos de outros relacionamentos?
- Queremos viajar para outros países nas férias?

Lembre-se: dizer em voz alta as características que está procurando em um parceiro é o mesmo que digitar uma palavra-chave em um mecanismo de busca na internet, só que você faz isso acessando o Universo!

AS CARACTERÍSTICAS DELE

Vamos elencar algumas virtudes que seu homem pode apresentar e que podem agradar você desde o início. Pense nas características que seu parceiro deve ter e enumere-as de 1 a 25 em ordem decrescente de importância: a que você deseja mais deve ser a número 1, a segunda mais desejada, a número 2, e assim por diante. Na verdade, você vai fazer com isso sua ordem de prioridades, e desse quebra-cabeça vai nascer o perfil do seu par ideal. Entendeu? Então vamos lá! (Faça a lápis, assim você conseguirá avaliar diversos perfis usando nosso gabarito de características.)

- Carinhoso
- Atraente
- Gentil
- Ambicioso
- Carismático
- Atencioso
- Criativo
- Provedor
- Gosta de animais (pets)
- Divertido
- Fitness
- Em forma
- Generoso
- Bem relacionado
- Familiar
- Sexy
- Inteligente
- Bem-sucedido
- Apoiador (à sua carreira)
- Romântico
- Ético
- Companheiro
- Tolerante
- Seguro
- Saudável

Ficou em dúvida sobre qual é o grau de importância de alguma característica no seu futuro PAR? Nós não vamos deixá-la na mão! Existem características que são peculiares em homens ricos.

Em geral, parceiros bem-sucedidos são respeitosos com suas mulheres desde o primeiro encontro. Normalmente esses milionários são mais velhos que suas companheiras e apreciam conhecer a ESSÊNCIA da parceira desde o começo. Sabe aquela história de degustar um vinho com calma, delicadamente, sem pressa? A maioria deles é assim, não bebe vorazmente, com sede. Eles não perdem a chance de apreciar e analisar a uva. Isso também funciona para os seus relacionamentos. Aliás, como lidam com decisões importantes e muito dinheiro diariamente, tendem a aproveitar ao máximo seus momentos de lazer e descontração.

Homens bem resolvidos normalmente gostam de mulheres poderosas, mas NUNCA vulgares. Eles não querem ser julgados pelo tipo de moça que está ao seu lado. Eles sabem exatamente o que querem e aonde vão chegar. Então, não tente enganar um homem rico apaixonando-se pelo seu status econômico ou social. Esse é o erro mortal de qualquer mulher que se preze.

Homens bem-sucedidos geralmente não têm tempo pra nada. São superocupados e cobrados o tempo todo por decisões cruciais nos negócios. Por isso, eles não procuram as chamadas "mulheres problema". Se você quer um homem para desabafar, deixe que o homem rico lhe pague o psicólogo. Simples assim!

Milionários são preocupados com segurança. Por terem muito dinheiro, são alvo constante de assaltos e sequestros, por isso não aprovam atitudes de ostentação. Sendo assim, nada de ficar postando nas redes sociais sua localização ou imagens de onde estão ou o que fazem ou com o que gastam. Quem tem muito dinheiro não fica mostrando isso aos outros. Pode parecer bobagem, mas essa atitude coloca você, seu parceiro e seu relacionamento em risco. Então, essa é mais uma qualidade dos homens ricos: discrição.

Outra dica importante: não há nada mais cafona, além da falta do que fazer, que postar fotos dos lugares maravilhosos, chiques, sofisticados em que esteve. O que quer com essa atitude, mostrar para as suas amigas? Criar inveja? Aparecer? Ostentar? Isso é típico de quem precisa aparecer de qualquer jeito e não combina com o perfil de uma mulher decidida, segura e sofisticada.

Os homens bem-sucedidos, em sua grande maioria, têm atitude bem definida: sabem o que querem e não gostam de brincar com sentimentos. Seja adulta e escolha um parceiro do mesmo nível. Os bem-sucedidos normalmente são muito vaidosos porque gostam e provam do melhor sempre. Dificilmente você vai encontrar um tipo desses desarrumado, malvestido ou descuidado. Não! Eles sabem que são o último biscoito do pacote e se valorizam.

Homens ricos que procuram parceiras são GENEROSOS. Essa é uma qualidade básica que seu futuro par provavelmente irá apresentar, juntamente com a bondade, é claro.

Lembra que dissemos que o amor pode andar de mãos dadas com o dinheiro? Isso depende do grau de generosidade que seu parceiro tem. Já falamos aqui também que a mulher desejável adora a segurança financeira que seu parceiro lhe proporciona. Ela sabe que nunca mais se preocupará com conforto em sua vida: onde comer, viver, o que vestir... Não há nada de errado em querer ter estabilidade financeira, que muitas vezes pode gerar também estabilidade emocional. O mundo quer isso, só que poucas pessoas admitem essa ideia publicamente.

Você pode ter o melhor homem do planeta, basta acreditar, querer, focar, não pegar atalhos e não desanimar. A motivação será a sua maior aliada! Não se sinta culpada ou desvalorizada por querer o melhor. Acredite: VOCÊ MERECE!

Logo, como seu grande objetivo é conquistar um parceiro rico e você já sabe que características ele deve apresentar, qual será sua estratégia? Já pensou em uma? No decorrer do livro apresentaremos dicas de como chegar lá.

AVALIANDO UM PRETENDENTE

Podemos chamar de qualidades de base as quatro características que devem, em algum momento, pesar em seu futuro relacionamento. Digamos que você deve avaliar como seu pretendente se encontra em cada uma das categorias a seguir e ponderar prós e contras.

1. Vitalidade

Quando falamos em vitalidade, logo associamos a palavra à saúde física, mas o comportamento está fortemente relacionado a essa energia vital que trazemos dentro de nós. Homens com senso de humor aguçado destacam-se muito entre as mulheres. Aliás, nós preferimos pretendentes assim, mestres na arte de encantar pessoas com brincadeiras inteligentes. Isso mexe com nossa libido, sabia? Além do mais, ter ao seu lado uma pessoa com energia positiva deixa qualquer mulher com a certeza de que esse PAR trará um caminho com muita segurança e realizações.

2. Beleza

Sabe a frase famosa de Vinicius de Moraes? Esta adaptação é a mais pura verdade: "Os feios que me desculpem, mas beleza é fundamental". Analise a simetria facial de seu pretendente, sua masculinidade e vigor. Além disso, claro, faça uma avaliação de postura e comportamento. No visual, detalhes simples podem revelar segredos importantes. Repare na mandíbula de seu homem, já que a barba é a maquiagem masculina e precisa estar perfeita sempre. Uma pele bem cuidada e cheirosa é ponto-chave na apresentação.

Avalie também o grau de sensualidade de seu par. Estude como ele anda e se movimenta. O corpo diz muita coisa na linguagem visual. É comprovado que nós, mulheres, preferimos homens que mantêm uma postura de dominação: que guiam a companheira ao caminharem juntos, que a protegem na rua colocando-a do lado de dentro da calçada, por exemplo.

3. Habilidade de comunicação

Mulheres adoram homens que se comportam com naturalidade e sabem se socializar. Um aperto de mãos firme, conversas olho no olho e discernimento sobre vários assuntos são atitudes básicas de qualquer homem desejável. Ele não precisa sussurrar para falar, mas berrar também não é agradável. Já imaginou um mudinho ao seu lado? Ou aquele que fala tanto que não deixa ninguém falar? Saber falar e ouvir – esse equilíbrio é extremamente favorável e demonstra bom senso e respeito para com as pessoas ao redor.

4. Presença social

Em eventos, poucas coisas têm o poder de passar mensagens tanto quanto as roupas. As mulheres, naturalmente, já reparam no que as pessoas vestem. E devem reparar no *look* do pretendente, obviamente. Em geral, ternos, parte importante da vestimenta social, são os melhores companheiros do homem. Aqueles feitos sob medida valorizam mais quem os veste. Esse tipo de traje causa ótima impressão, e um homem vestido assim chama a atenção assim que chega aos lugares, pois demonstra poder social, status, sofisticação, alto poder econômico e extrema elegância.

A VERDADEIRA RELAÇÃO COM O DINHEIRO

Expressões cotidianas passadas de geração a geração, desde os tempos dos nossos bisavós e discutidas até os dias atuais, falam exatamente a verdade: a crise financeira arrasa o relacionamento.

"Em casa onde falta pão, todos brigam e ninguém tem razão."

"Quando a pobreza bate à porta, o amor sai pela janela."

Esses ditados antigos mostram que, desde os tempos de nossos antepassados, o problema existe e décadas depois ainda se discute pelo mesmo motivo. A famosa frase "... até que a morte os separe" se concretiza para muitos casais, logo depois da lua de mel, infelizmente. Isso porque muitos, durante o namoro, não se mostram como realmente são, seus desejos, vontades, abrem mão dos seus sonhos, engolem sapo, ocultam a verdade, fingem, mentem ou dissimulam. Isso seria a mesma coisa que construir um castelo em um terreno de areia – qualquer vento ou água destrói!

A realidade, a convivência, o dia a dia traz à tona os problemas da rotina que todo casal tem. Essa crise se agrava de forma avassaladora quando o fator financeiro entra em jogo. A diferença entre ter uma boa vida e uma vida difícil irá depender de quanto se tem para gastar e viver por mês.

O acordo preestabelecido alivia essas angústias e futuros desgastes. O combinado não sai caro. Pelo contrário. Depois de ler este livro, você vai perceber que o COMBINADO É LUXUOSO!

Tenha em mente que uma mulher segura não sacrifica o amor-próprio pelo amor ao dinheiro. Uma verdadeira princesa vai encontrar um príncipe que vai respeitá-la e gostar de estar com ela. Isso será mútuo, independentemente do relacionamento ter sido criado por sentimento e afinidade, ou de ele ser um ficante, namorado ou futuro marido. A gente nunca sabe de quem vai gostar, não é mesmo?

Dessa forma, encontre um companheiro que você possa adorar com todas as forças e que isso seja recíproco. Assim, você estará segura. Não sabemos quando precisaremos de um médico ou de um hospital, mas, se precisarmos, que seja o melhor da cidade, do país ou do mundo!

Você já passou vontade? Desejo? Quis um objeto e não pôde adquirir? Isso NÃO VAI mais acontecer em sua vida! Você nunca mais ficará em dúvida quanto a comprar algo ou como irá pagar.

"Dinheiro não traz felicidade!" Essa frase antiga é verdadeira, uma vez que somente o dinheiro não compra as coisas mais importantes da vida: saúde, amor e paz. Portanto, lembre-se de que dinheiro com amor lhe dará força, ânimo, vontade, desejo de conquistar seus sonhos e metas sem preconceitos nem tabus.

Então, me diga agora: o que há de errado em querer se sentir bem? Em buscar o melhor que a vida pode lhe oferecer? O que há de errado em ter um companheiro que lhe proporcione estabilidade financeira? Todos querem isso, mas só as mulheres poderosas conseguem chegar ao topo. E nós vamos lhe ensinar a chegar lá. Basta continuar a leitura!

CAPÍTULO 3

PASSO 2
O QUE FAZER PARA DESABROCHAR A MELHOR VERSÃO DE VOCÊ

"Há dois tipos de pessoa que vão lhe dizer que você não pode fazer a diferença neste mundo: as que têm medo de tentar e as que têm medo de que você se dê bem." Ray Goforth, executivo

Pronta para iniciar a transformação que vai revelar a melhor versão de você? Sim, nós lhe daremos a fórmula, mas quem mistura os ingredientes é você. Se até na amizade procuramos pessoas parecidas conosco, com princípios e interesses em comum, o que dizer de um relacionamento amoroso? Se você quer se tornar uma mulher desejável, precisa trabalhar seu interior, afinal, ninguém quer ficar perto de gente que se deprecia, que tem autoestima baixa ou atitudes e pensamentos negativos.

Comecemos, então, por aí: faça uma faxina emocional e jogue fora tudo que não é positivo. Para ser cortejada, desejada e conquistada como uma princesa, você deve, antes de mais nada, encantar a todos, a você mesma e a seu futuro parceiro!

Para atrair um homem rico, você deve empregar uma estratégia bem pensada e agir de acordo com ela. Mas tome cuidado, pois você pode encontrar um par ideal, que reúna todas as características de um milionário, porém sem química nem afinidade.

A regra número 1 para exercer a melhor versão de você é não ficar com alguém SOMENTE por DINHEIRO. Se fizer isso, a probabilidade de seguir por um caminho infeliz é de 100%. Homens ricos gostam de mulheres arrojadas e sinceras.

COMO SER DESEJÁVEL SEM PARECER VULGAR?

A diferença entre sensualidade e vulgaridade pode ser mínima. Por isso, fique atenta! Homens ricos detestam pretendentes ousadas demais. Um decote pode ser muito sexy, desde que o seu peito não fique para fora ou o bico dos seios esteja marcado. Para usar uma saia curta, é necessário mais que feminilidade e um belo par de pernas: é preciso saber andar, sentar e levantar. Ficar puxando a saia para baixo a cada passo que dá é a coisa mais deselegante que existe! E estamos combinadas que você não quer passar essa imagem ruim e vulgar logo de cara, não é mesmo?

De acordo com a programação neurolinguística, na comunicação, 7% correspondem ao que falamos, os outros 93% correspondem ao que o nosso corpo fala! Portanto, nossos gestos, movimentos corporais, postura e expressões representam a quase totalidade da nossa comunicação.

Por exemplo, quando sentimos medo, nossas pupilas se dilatam. As mãos, por sua vez, entregam nossos sentimentos: quando falamos sobre algo de que gostamos, nossas mãos estão descontraídas e só são usadas no momento em que queremos realçar algo na conversa. Quando conversamos com alguém que não conhecemos a fundo, é normal cruzarmos as pernas e os braços, demonstrando que o corpo está fechado e que ainda estamos analisando o outro. Conforme relaxamos, descruzamos. A linguagem corporal ensina isso e muito mais, portanto, esteja atenta!

Sua roupa, os acessórios e até o modo de andar demonstram como você é. Se você se veste de maneira desleixada, nunca vai passar a imagem de uma mulher sofisticada. Da mesma forma que se vestir como uma dama e andar olhando para baixo, sem encarar as pessoas, também revela uma imagem errônea. Tudo está completamente ligado e forma um conjunto de informações que são passadas desde o primeiro encontro. Lembre-se e tome muito cuidado ao se vestir, pois, se você mostrar demais, além de causar uma impressão errada, não deixará nada para a imaginação dele!

Vamos fazer uma comparação dos seres humanos com os animais: já reparou que, entre estes últimos, o macho é sempre mais bonito? A juba do leão é muito mais volumosa que a da leoa. As cores da arara macho parecem uma pintura! O macho se esforça e faz de tudo para chamar a atenção de sua fêmea. Um macho disputa com outro para conquistar seu par. A fêmea jamais vai para cima dele. Ela o atrai até ele vir! Ele se sente importante, como se fosse único, e se exibe todo achando que a conquistou!

Na espécie humana, algumas mulheres inverteram essa paquera. Sim, elas foram para o ataque. E usam todas as armas possíveis: decotes, unhas longas, cabelos lindos sendo jogados de um lado para outro (jogo de sedução), calças justas (algumas vezes temos a impressão de que ela pulou de cima do guarda-roupa ou passou manteiga para entrar) e seios fartos (naturais, sutiã com bojo ou silicone). Sabe aquele ditado de que menos é mais? Ele se aplica aqui. Você pode ser sedutora, mas não precisa exagerar nas armas visuais usando todas de uma vez. Uma mulher que apresenta tudo isso junto e misturado acaba assustando os homens. Seja sexy sem ser vulgar.

Então, regra número 2: se você quer ser conquistada, aja como presa, jamais como caçadora.

Você sabe: para um homem rico, encontrar uma garota que reúne beleza é fácil. Difícil é juntar todas as características de uma mulher poderosa por dentro (interior) e por fora (corpo) e que combine com as coisas de que ele gosta. Isso é realmente muito difícil!

Outra parte do clichê, é claro, seria seu amor somente pelo dinheiro dele, e não por ele. É aceitável desejar um rapaz que possa ajudá-la, mas você deve escolher alguém bem-sucedido que goste de estar com você também. O milionário não deseja uma interesseira, uma vez que isso pode ir contra os seus desejos, além de não querer ser julgado por seus amigos. Ele quer alguém que goste de sua companhia e isso deve ser recíproco.

Não se esforce demais. A *lingerie* de seda, o perfume importado e o jantar à luz de velas com vinho caro é somente para quem merece. Algumas mulheres têm mania de investir no passado. Sabe aquele ex que você largou porque era ciumento demais, ou aquele por quem você se apaixonou loucamente e não foi correspondida? Nada disso. Chega de perder tempo com sapos, quando você pode beijar príncipes! Tratamento VIP é para alguém especial e você deve se valorizar.

Porte-se como uma joia rara e não se doe facilmente. Pare de ser tão boazinha e tonta!

Veja a letra da música a seguir. O peão se apaixonou e começou a mudar o seu jeito por causa da amada. Mudou tanto que a moça deixou de amá-lo. Então reveja seus conceitos antes de se modificar por causa do outro. Nada de viver um teatro ao lado de seu par!

Deixei de ser cowboy por ela – Chitãozinho e Xororó
Eu sempre acreditei no amor
Agora resolvi mudar
Escute a minha história, amigo
A vida gosta de enganar
Eu sempre fui um bom cowboy
Até que encontrei alguém
Com ela fui feliz eu sei
Não sei se foi real, porém

Deixei de ser cowboy por ela
Parei de viajar por ela
Larguei minha paixão por ela

Deixei de ser feliz por ela
Assim eu me enganei por ela
Por isso resolvi voltar
São segredos da paixão
Por eu não ser mais peão
Ela resolveu me abandonar

Ou seja, não adianta se modificar para agradar o outro e vestir uma máscara, porque um dia ela cai. Quer coisa mais atraente que ser você mesma, em sinceridade e essência? Dessa forma ele irá se apaixonar por alguém que existe de verdade e não por uma personagem.

DESENVOLVA SUA INDIVIDUALIDADE

Sempre esteja ciente do fato de que o mundo e os homens que o habitam irão respeitá-la se antes você respeitar a si mesma.

A maioria dos homens, incluindo os ricos, quer uma mulher que se respeita. Por que ele deveria gostar de você se você age como se não fosse desejável? Mostre a ele seu valor ao tomar conta de seu corpo e de sua aparência (tenha uma dieta saudável, exercite-se, vista-se para arrebentar e pratique boa higiene). Vamos falar disso de forma mais detalhada no próximo capítulo.

As chances são grandes de que o homem rico que você atrairá seja educado, gentil e confiante. Isso quer dizer que ele procuraria pelas mesmas qualidades na mulher com quem ele gostaria de estar. Seja expressiva e sinta-se confortável consigo mesma.

TENHA UMA PERSONALIDADE BEM FORMADA

Você só pode se tornar um ímã para atrair homens ricos se puder manter o interesse dele em você. É um fato conhecido que a manutenção de qualquer relacionamento requer uma personalidade bem formada e com interesses variados. Só então você será capaz de saber como conquistar um homem rico e segurá-lo por muito tempo.

BUSQUE CONHECIMENTO

Homens ricos normalmente participam de eventos culturais, e você com certeza poderá conseguir gostar disso e se encaixar nesse ambiente de um modo muito natural. Aprenda e desenvolva novos interesses, tais como música, arte, novos idiomas (aprenda pelo menos uma nova língua), literatura e cinema. Compreenda e explore culturas estrangeiras, história e política (visto que homens ricos normalmente viajam muito pelo mundo e possuem uma segunda casa no exterior).

Quer entender de maneira prática como você pode buscar conhecimento? Então vamos lá! Leia jornais e revistas diariamente. Esteja em dia com os principais lançamentos do cinema.

Ah, claro: prometa-se e cumpra. Leia pelo menos um livro por mês. Você já está com este. Bom sinal. Procure variedade de temas e de autores.

FAÇA ALGO COM SUA VIDA

Ninguém quer ficar com um par completamente superficial, feito uma concha vazia, que jamais faz coisa alguma. Isso é chato! Saia de casa e faça algo com sua vida. Tenha *hobbies* e sonhos para o futuro (ativamente perseguidos – não fique sentada pensando em como gostaria de ser uma grande estrela). Isso adicionará complexidade ao seu caráter e fará com que você seja uma pessoa mais completa.

Seja uma amante apaixonada, mas também tenha paixão pela própria vida. Quando estamos com alguém que realmente ama a vida e que vai atrás das coisas que deseja, sentimo-nos inspirados a fazer o mesmo. É por esse motivo que a paixão é tão sexy! Persiga seus interesses. Se você sempre quis fazer algo, faça. Assim que você encontrar um milionário, ele ficará bastante interessado em suas atividades.

Adquira uma habilidade ou melhore uma que já possui. Você pode aprender a desenhar, pintar, administrar um negócio de moda, por exemplo, ou até tocar um instrumento. Enfim, pesquise cursos on-line, você deve se interessar por algo. Peça ideias e ajuda ao seu par. Dessa forma ele vai se sentir importante.

Homem gosta de mulher com vida própria; orbitar em volta dele é a receita certa para o fracasso. Ele pode momentaneamente demonstrar que gosta desse estilo, mas logo se cansará. No fim você perde o par, os amigos e, o pior, você se perde! Sem contar que ele não vai abrir mão de assistir ao futebol, por exemplo, para ficar com você. Use o mesmo critério para lidar com ele, e no fim ele a estará acompanhando em tudo, feliz da vida, afinal é muito bom estar ao lado de pessoas que têm vida própria.

Pare com os joguinhos. Os casais perdem a oportunidade de se conhecer de verdade e sem máscaras.

A DIFERENÇA ENTRE SER FEMININA E MULHERZINHA

Algumas regrinhas básicas devem ser seguidas para que você não seja apenas MAIS UMA na lista do homem bem-sucedido. Está manjado demais transar só no terceiro encontro, não responder à mensagem antes de 60 minutos, só atender o telefone no quinto toque, fazer ciúme sem necessidade e fingir que não dá a mínima. Se for fazer joguinho, seja inteligente, crie novos truques, pois alguns já estão batidos demais.

Está difícil encontrar pessoas que tenham equilíbrio entre ser disponível demais e ser inacessível. A virtude é estar próximo, cuidar sem sufocar, ligar para a pessoa sem exageros, loucuras e excessos. Todos precisam de tempo para ter saudade um do outro. Nada disso tem uma receita, mas precisa ser saudável e sem entrar na bolha do seu parceiro.

Nunca sabemos se o outro não liga no dia seguinte porque não está interessado ou se está se fazendo de difícil para valorizar o passe ou porque está muito ocupado. Tudo é muito relativo, mas o mais adequado nessa fase é ser você sempre!

Ter sabedoria para não perder a dignidade e saber a hora de bater em retirada é muito importante, mas um pouco de transparência e sinceridade não faz mal a ninguém. Afinal, você não tem apenas uma opção, use a sua sensibilidade e intuição para escolher a melhor alternativa.

Jamais se rebaixe! Nada de discussões e muito menos indiretas nas redes sociais. Nenhum homem é digno de escândalos e manifestações públicas de ciúme. Mesmo se estiver chorando a ponto de se desidratar, não desça do salto. Aprenda rápido que para algumas pessoas só contamos as vitórias e nada mais, e tenha cuidado, pois algumas vão morrer de inveja e querer ofuscar.

Não importa quem é você ou seu parceiro. TODO HOMEM adora uma mulher feminina, que o valorize como homem e que o faça sentir-se útil (isso se ele merecer). Ele deseja ser o chefe da casa. Por isso, peça a ele que abra um pote de conserva ao servir algo especial depois de um dia exaustivo. Eles se inflam de alegria, sabia? Agradeça e elogie a sua gentileza!

Agora, você sabe diferenciar a feminina da mulherzinha? A "mulherzinha" olha a marca do carro, tenta dar o golpe da barriga e é manipuladora. Sim, esse tipo de mulher faz escândalo por qualquer coisa, quebra as finanças do parceiro, requer atenção total, é afetivamente mesquinha. É claro que a mulherzinha não apresenta um comportamento discreto e aparenta não querer se doar verdadeiramente a um relacionamento sério.

MAGNETISMO NATURAL

Existem mulheres que aparentemente não têm nada de especial, podem até ser "feias", porém, por alguma razão os homens caem aos seus pés. O magnetismo dessas moças vem de onde? Da chamada e tão desejada autoestima elevada e da independência emocional. Elas se apoiam sozinhas, se bastam, têm outras metas além de agarrar um homem, estudam, trabalham, viajam e são felizes sozinhas ou acompanhadas. NÃO ficam procurando a tampa da panela, nem a meia laranja ou a outra metade. São mulheres INTEIRAS. Não vivem carentes chorando pelos cantos, não são cheias de mágoas, não têm ódio dos homens por conta de decepções do passado. Aconteça o que acontecer, essas mulheres estão sempre de cabeça erguida e têm uma vida que não se limita apenas a se arrumar para encontrar um par. Seja uma portadora de magnetismo natural e colha os louros!

TENHA CRIATIVIDADE

"Aonde você for, sempre estará pisando em um tapete vermelho." (Christian Louboutin)

Essa frase pode parecer boba, mas não é. Aliás, ela tem tudo a ver com nosso mundo de luxo, em que amor e dinheiro andam de mãos dadas. Você sabe quem é Christian Louboutin? É um dos *designers* de sapatos femininos mais famosos do mundo. Aquele sapato de solado vermelho, lembra? Com certeza você já viu alguma celebridade usando um modelo dele por aí.

Bem, vamos continuar a história. Você sabe como ele chegou a essa ideia maravilhosa de colorir o solado dos sapatos de vermelho? Em entrevista à apresentadora americana Oprah Winfrey, Christian contou que a ideia de pintar a sola de vermelho laqueado veio num momento em que ele achava que suas criações precisavam de um toque especial. "Uma funcionária minha sempre pintava as unhas. Um dia peguei o esmalte dela, passei na sola, e o sapato ganhou vida", disse. Pronto! Um estalo de criatividade rendeu o reconhecimento mundial de uma marca.

Entendeu agora a citação? Sim, toda mulher merece pisar em um tapete vermelho! Essa marca registrada rendeu ao francês fãs mais que famosas. Angelina Jolie, Victoria Beckham, Katie Holmes, Kate Winslet e Dita Von Teese são apenas algumas das adeptas dos saltos altíssimos do *designer*. Não estamos querendo dar aqui uma aula de moda, não. Apenas usamos um exemplo contemporâneo para mostrar quanto é importante ser criativo. Como você aplica isso à sua vida? Simples! Não tem dinheiro para fazer um curso de etiqueta? Faça uma busca na internet e tenha foco.

Sem verba para aprender sobre História ou algum fato político importante? Leia livros. Com a conta no vermelho para manter os cabelos na cor e textura ideais? Faça uma consultoria com um bom cabeleireiro e ofereça uma troca: de repente você pode fotografar para ele ou oferecer suas habilidades nas redes sociais. Permutar serviços é sempre bacana e garante contatos e a continuidade dos cuidados, pelo menos até você encontrar um parceiro que tope investir em sua beleza.

Hoje em dia existem vários cursos a distância (e gratuitos). Basta fazer uma pesquisa on-line e escolher um que lhe agrade. Mesmo que já tenha cursado faculdade, ou esteja estudando, investir em outras áreas é sempre válido.

Se você tem problemas pessoais mal resolvidos, não dispense uma terapia antes de entrar em um relacionamento. Várias instituições oferecem atendimento de baixo custo ou até sessões gratuitas. Pesquise e invista em você e no seu autoconhecimento.

NÃO TENHA PRESSA

Outro toque importante: nada de pressa. Quando fazemos algo pela emoção e sem pensar, geralmente nos arrependemos depois. Quando a pressa é grande, a pessoa acaba assumindo riscos enormes e na maioria das vezes o resultado não é o esperado.

Se você quer ser milionária, é necessário aprender a fazer um planejamento. Para toda jornada que é longa, o mais importante é planejar. Dar importância à capacitação e à organização das metas é fundamental. Além disso, é essencial que você pondere valores. Algumas pessoas entram numa corrida desenfreada atrás de riquezas e se esquecem dos amigos, da família, da ética, de respeitar os outros. Esteja atenta a isso.

ALGUMAS DICAS RÁPIDAS E PRÁTICAS

Homens são ligados no visual, então cause uma boa impressão. Para ajudá-la, separamos algumas dicas simples de visual e comportamento, como um guia bem básico que você deve seguir a partir de agora.

- Menos é mais no visual: evite maquiagem com *glitter* e joias muito extravagantes.
- Os homens ricos querem mulheres que sejam maravilhosas anfitriãs. Que tal aprender a fazer o prato predileto dele e preparar uma surpresa daquelas? Ou saber quem faz com grande requinte e se arrumar para esse momento a dois?
- Se ele for um milionário e se ergueu sozinho na vida, deseja estar com uma mulher que também saiba lidar com dinheiro. Você deve ser confiável e responsável. Se estiver com alguma dificuldade, deve conversar com ele abertamente e de forma suave. Deve vê-lo como um parceiro e amigo, e não somente como um provedor.
- No primeiro encontro, vista-se com azul-marinho, marrom, preto, bege ou branco. Evite cores exuberantes, exceto em determinadas vestimentas noturnas.
- Você precisa se concentrar em peças bem-feitas e clássicas, produzidas com materiais naturais: 100% algodão, linho, seda, lã, caxemira etc. É melhor ter algumas peças de roupa de boa qualidade do que muitas vestimentas baratas. Evite roupas cuja marca apareça de forma ostensiva.
- Não o pressione a assumir um relacionamento, curta a vida com ele.
- Consiga tempo para si mesma e permita que ele sinta saudade. Tenha uma vida, amigos e interesses.

◆ Cultive um corpo saudável, mas não mostre muita pele, para causar mistério.

◆ Sempre seja uma dama. Grace Kelly foi uma premiada atriz norte-americana que se casou com um príncipe e tornou-se a princesa Grace de Mônaco. Ela era reconhecida não só por seu talento e beleza, mas também pela elegância sem igual. Fez vários trabalhos humanitários, além de atuar no cinema, teatro e televisão. Ou seja, ela era um exemplo de mulher. Faleceu em 1982, vítima de um acidente de carro. Audrey Hepburn era uma engajada atriz britânica, também premiada. Um dos seus filmes mais famosos é *Bonequinha de Luxo*. Vale a pena ver para conferir o charme e a beleza dessa diva. O que ambas tinham em comum? Cultura, beleza, discrição, charme e talento. Veja filmes com essas protagonistas para que você se espelhe em ícones.

◆ Aprenda etiqueta e maneiras de usá-la. Hoje existe, além de livros, muito material on-line para que você consulte e aprenda.

◆ Mulheres com filhos podem ser atraentes apenas se o milionário gostar das crianças.

◆ Torne-se interessante e divertida sem forçar a barra. Nada de vestir máscaras ou criar uma personagem. Encontre a melhor versão de você e a faça aflorar. Esse é o melhor caminho!

E lembre-se: depois de desabrochar a sua melhor versão, começa a agir a lei da atração! Assim, mais linda, confiante e poderosa, você vai poder conquistar o tão esperado parceiro ou "amigo". Ainda temos mais um passo para concluir a transformação, e isso acontece já, no próximo capítulo!

CAPÍTULO 4

COMO MELHORAR A SUA IMAGEM E POSTURA

"Eu não falhei. Só descobri 10 mil caminhos que não eram o certo."
Thomas Edison, inventor da lâmpada elétrica

Não é tão fácil, nem acontece da noite para o dia essa transformação, no sentido de melhorar sua imagem e postura. O primeiro passo é olhar-se no espelho e detectar o que a incomoda. Conosco você vai descobrir o caminho certo, mas é preciso dedicação, investimento e foco.

"O que realmente deixa um homem lisonjeado é o fato de você o considerar digno de adulação." (Bernard Shaw)

Todo homem gosta de se sentir importante; já falamos sobre isso em outro capítulo. Agora, como você se transforma em uma mulher desejável para esse par que é exigente? Dermatologista, ginástica, talvez uma cirurgia plástica, moda, dentes, cílios, enfim, tudo! Você precisa ser sincera e prática para realizar as mudanças que são necessárias. Pronta? Então vamos lá.

CABELO

O cabelo e a pele denunciam como está a saúde da mulher. Você precisa analisar como anda o seu fio: está quebradiço ou seco? Tratamentos como hidratação ou reconstrução podem fazer milagres. Mechas ou descolorações escondem fios brancos que podem aparecer precocemente, inclusive. Mas com esses procedimentos os cabelos precisam de cuidados constantes. E vamos combinar: se você não tem tempo nem dinheiro para ir ao cabeleireiro pelo menos quinzenalmente, nada de pintar as madeixas. A coloração tem de ser retocada e estar impecável, pois não há nada mais degradante que uma mulher precisando retocar a raiz ou tingir os fios. E homens reparam, sim! Principalmente os bem-sucedidos.

Uma coisa é certa: eles preferem cabelos longos. Mas atenção: não é por isso que você vai mudar radicalmente o seu visual. Se for optar por alongamentos, certifique-se de que estão bem colocados. É horrível e deselegante uma mulher com *mega-hair* à mostra ou tão artificial que é percebido no primeiro olhar.

Lembre-se: nem tudo que é moda combina com o seu biótipo. O mais importante é que os seus cabelos sejam muito bem tratados, com brilho, sem pontas duplas nem ressecados!

A atriz Jennifer Aniston é considerada o exemplo de sucesso capilar. Há duas décadas ela mantém as madeixas com cores e cortes que são os mais desejados nos melhores salões do mundo. Desde sua estreia no seriado *Friends,* em 1994, a artista já exibiu os mais variados *looks.* Mas o mais interessante é que Jennifer acompanhou as tendências sempre respeitando seus traços e sua personalidade. Por exemplo, em 1995 seu corte repicado virou referência nos anos 90. Em 1999, o curto com base reta fez sucesso e se mantém atual. Em 2002 a atriz assumiu suas ondas naturais e virou notícia. Em 2011 ela adotou o loiro mais claro que iluminou seu rosto. Em 2015, o visual alongado e liso, com mechas, virou sensação entre moderninhas e clássicas.

Vale lembrar que nem tudo que é moda combina com o seu tipo físico. Outro detalhe importante: cuidado para não ficar igual a todas e na mesmice.

MAQUIAGEM

Um dos maiores erros de uma mulher é não saber se maquiar. A maioria de nós peca com excesso de sombra e erra na hora de escolher a cor da base, por exemplo. Procure ajuda de um especialista. Há consultores para isso inclusive na compra de bons produtos. Várias lojas renomadas oferecem aulas de *make* em troca da compra de produtos.

Outra dica importante: não existe maquiagem que dure horas. Vale a pena sempre fazer um retoque. Nada mais horrível que um batom falhado e lápis ou rímel borrados. Ah, e cada local pede uma maquiagem própria. Não fica bem ir à praia ou dar uma volta no shopping usando cílios postiços!

Mesmo se você estiver confiante quanto às suas habilidades em se maquiar, nunca é demais aprender novos truques. Você pode se surpreender ao saber que existem produtos tecnológicos que proporcionam o resultado perfeito em pouco tempo. Esteja sempre informada sobre lançamentos e cuidados essenciais.

ROSTO

É fundamental fazer uma limpeza de pele mensal para eliminar cravos, espinhas e células mortas. A cútis fica brilhante e saudável e a maquiagem adere de forma mais natural.

No inverno, pode-se usar ácido para tirar as manchas superficiais da primeira camada da pele. Lógico que você deve procurar sempre um bom profissional.

Nada de dormir maquiada, por mais cansada que esteja! Antes de deitar, retire toda a maquiagem, lave o rosto com sabonete líquido neutro e, se for dormir sozinha, passe um creme. De manhã, lave bem o rosto e, independentemente da cor de sua pele ou da estação do ano, aplique protetor solar.

Nem precisamos alertar sobre o uso excessivo de Botox, né? Nada de ficar parecendo uma boneca plastificada daquelas de vitrine, pelo amor!

Sobrancelhas devem ser bem-feitas e limpas. Evite afiná-las! Atenção com as técnicas de micropigmentação e hena. Errou? Pronto! Você fica parecendo o Spock, da série *Jornada nas Estrelas*! Sem chance, né?

DENTES

Prepare-se como se fosse para uma guerra: reveja tudo nos mínimos detalhes.

Tome um cuidado todo especial com sua boca. Vá ao dentista duas vezes ao ano. Escove sempre os dentes, use fio dental após as refeições e, claro, não se esqueça de manter o hálito fresco.

Muitas vezes o mau hálito tem origens diferentes: gastrite, refluxo, tártaro, retração de gengiva, sinusite, ou seja, chupar balinhas de hortelã não é a solução. Você deve descobrir a origem do problema. Sua boca diz muito sobre sua vida socioeconômica e sua saúde!

Hoje existem técnicas, procedimentos e tratamentos de estética bucal que mudam totalmente a fisionomia da pessoa. Repare só nos artistas! Um sorriso abre portas, demonstra simpatia e alegria.

Pelo amor de Deus, NUNCA use palito de dente à mesa nem sob tortura. Isso acaba com qualquer elegância, relacionamento e até com a chance de começar um.

CHEIROS

Para se perfumar, prefira fragrâncias leves e frescas. Perfumes fortes devem ser usados com moderação, em ocasiões especiais e, de preferência, à noite.

CUIDADO: há mulheres que parecem carregar uma feira livre inteira no corpo. Misturam hidratante com cheiro de pêssego, xampu de melancia, batom de morango... Afe. Homem gosta do cheiro de pele, popularmente conhecido como cheiro de mulher! Cada mulher tem o seu próprio cheiro, único. Sendo assim, um banho bem tomado, lavando bem a pele com um bom sabonete, e uma pequena borrifada de um excelente perfume já é mais que suficiente.

UNHAS

Uma pessoa muito ansiosa, nervosa, que não tem controle emocional, normalmente rói as unhas. A sugestão é começar a fazer as unhas duas vezes por semana, para evitar que a pele se levante ou lasque uma pontinha e você caia na tentação. Controle-se!

Esmalte lascado é feio demais! Tenha sempre acetona em casa e uma base, e assim que descascar retire todo o esmalte e passe uma base. Outra dica é ter sempre uma lixa na bolsa, porque se a unha quebrar você já disfarça, onde estiver.

Unhas de gel, porcelana e postiças devem ser usadas com MUITA cautela. Lembre-se de que as coisas que são artificiais podem parecer cafonas ou populares demais para o nível de seu futuro par. Menos é mais em diversas situações, e isso vale para o *make* e para as garras, é claro!

Se você tem um encontro importante e não sabe que roupa vai usar, invista no esmalte *nude*. Ele é chique, clássico e combina com tudo. Não tem essa de que o esmalte não precisa mais combinar!

ROUPAS

- Evite usar roupas ultramodernas ou provocantes demais.
- Seja coerente consigo mesma: ao olhar no espelho, se estiver com sobrepeso, escolha *looks* que não marquem o corpo de forma exagerada.
- Busque consultoria gratuita ou ajuda especializada ao escolher produções que tenham a ver com seu tipo de corpo.

- Informe-se sobre *outlets* ou bazares de roupas de qualidade e seminovas.
- Escolha roupas adequadas para sua idade.
- Combine elegância e charme em um só *look*.

Homens ricos geralmente preferem mulheres sem vícios, assim, não ser fumante pode ser um atributo a mais na conquista do homem perfeito. Além disso, mau hálito ou dentes amarelos não combinam com o *shape* de princesa.

Uma ou outra tatuagem pode ser aceitável, mas tudo que é demais vai contra a nossa filosofia máxima: ser elegante. *Piercings*, então, são quase proibidos, já que parecem mais uma moda popular, e para muitos homens não passam a imagem de mulher sedutora. Avalie os prós e os contras antes de sair pintando e furando o seu corpo!

SAPATOS, BOLSAS E ROUPAS

Não adianta ter uma quantidade enorme se não forem de qualidade.

Cuidado com sapatos com os saltos lascados, calcanhar marcado (que se desgasta quando você dirige o carro), sem brilho, velhos demais e desconfortáveis, pois eles lotam a sua sapateira e dão a falsa impressão de que você tem muitos pares.

Bolsa: o acessório que muitas vezes define a personalidade de uma mulher. Nada de carregar o mundo dentro dela, principalmente se tudo estiver misturado e sujo.

Blusinhas de liquidação, camisas puídas, calças apertadas demais, a ponto de entortar a costura, roupas de lã com bolinhas, manchadas, desfiadas ou com aspecto de surradas, velhas e malcuidadas NÃO devem estar dentro do seu guarda-roupa, muito menos ser usadas! Faça a corrente do bem e DOE essas peças. Vamos fazer uma "limpeza geral no armário". As pessoas carentes que tanto precisam agradecem!

PAPEL E CANETA NA MÃO!

Anote aí os itens do kit de sobrevivência na bolsa de uma mulher prevenida:

- *Nécessaire*: batom, pó facial, fio dental, creme dental, escova dental, remédio para dor de cabeça e outros que você costuma usar, elástico de cabelo, fivela para prender o cabelo, lixa de unha.
- Escova de cabelo
- Carteira
- Lenço de papel ou lenço higiênico
- Caneta
- Celular e bateria extra
- Óculos de sol

HÁBITOS QUE MELHORAM SUA SAÚDE

Alguns hábitos podem mudar sua saúde e, principalmente, a aparência (agora você se interessou, não é mesmo?). Lembre-se: se sua saúde não é razão suficiente para mudar seu estilo de vida, sua vaidade é! Pense bem: uma nova filosofia de vida pode diminuir suas visitas aos médicos, fazê-la tomar pouco ou quase nenhum remédio, livrá-la de doenças e mal-estar. É claro que os benefícios são conferidos também com um corpo mais bonito, sarado, com menos celulite e gordura.

Tudo é uma questão de força de vontade, determinação e rotina. No começo, essas alterações drásticas podem ser difíceis. Não desista! Afinal, você é uma mulher que sabe o que quer e não desanima facilmente.

ALGUNS AJUSTES SÃO ESSENCIAIS E SIMPLES

Reduza o açúcar

Reduzir o consumo de açúcar diminui o risco de diabetes e doenças cardíacas, mas também ajuda no combate às rugas e ao aumento de peso, no controle do aparecimento de espinhas e, claro, da gordura localizada.

Segundo dermatologistas do mundo todo, o açúcar é um vilão para a pele. Uma vez na corrente sanguínea, ele se agarra às moléculas de colágeno e elastina. O colágeno é a proteína que dá estrutura, firmeza e elasticidade à pele e é produzido naturalmente pelo corpo. Já a elastina está presente no nosso organismo e tem a função de dar elasticidade aos tecidos, em especial à pele. Nas estruturas em que a elastina participa junto com o colágeno, o açúcar promove resistência à tração das fibras, causando envelhecimento prematuro e enfraquecimento (flacidez).

De acordo com pesquisas, pessoas com menor quantidade de açúcar no sangue aparentam, em média, ter um ano a menos do que aqueles jovens com níveis mais elevados. Mas não basta limitar o consumo de açúcar e de carboidratos refinados. É preciso aumentar significativamente a quantidade de alimentos como aveia e nozes, que têm fibra solúvel e ajudam a retardar a absorção de açúcar pelo organismo.

Beba mais água

Você saberá que está bebendo água suficiente para o seu organismo quando a cor de sua urina for transparente, bem clara. Faça isso para evitar a desidratação e a lentidão do funcionamento de seus órgãos. Mesmo sem sentir sede, crie o hábito de tomar muita água durante o dia. Os resultados serão surpreendentes: menos celulite, pele mais sedosa e cabelos bonitos. Sem contar que alguns copos extras por dia podem ajudá-la a entrar naquele jeans favorito, ou seja, ajuda a emagrecer!

Beber água combate a elevação de açúcar no sangue, que pode ocasionar, por exemplo, acúmulo de gordura na barriga. É isso que você NÃO quer para seu corpinho, certo?

Ah, esqueça os refrigerantes! Segundo pesquisas, esse hábito faz com que a gordura abdominal aumente drasticamente. Faça uma opção saudável, tome sucos naturais e esqueça os sucos de caixinha ou em pó. Beba também muita água de coco.

Outro grande segredo: não tome líquidos durante as refeições. Bebidas, só uma hora antes ou depois, assim você evita dificuldades na digestão e mantém curvas de dar inveja.

Sede é sinal de desidratação, sabia? Isso se traduz em lábios rachados, pele seca, cotovelos e joelhos ásperos e esbranquiçados. Então, beba água mesmo sem sentir sede, combinado?

Cuidado com sua postura corporal

Se fizéssemos uma análise, veríamos que a maioria da população mundial precisaria rever sua postura. Por quê? Devido a maus hábitos, rotina de trabalho, entre outras coisas, costumamos andar e sentar de maneira errada. Faça um teste: se você alongar seu pescoço, projetar a cabeça para cima (uma pose meio de "metida", mesmo) e alongar o abdome, estará encaixando seu corpo na forma correta (e vai parecer mais magra). Fique em frente ao espelho e faça o que acabamos de relatar: alongue abdome e pescoço, mantenha a cabeça erguida como se fosse uma modelo e coloque o bumbum pra trás. Pronto! Essa é a maneira correta de ficar. Pode parecer dolorido no começo, porque você passou a vida toda fazendo errado, mas vai lhe trazer benefícios depois. A maioria das pessoas sempre busca um local para se apoiar: ou segurando o pescoço, ou encostando uma das pernas em algum pilar. Isso faz com que você acabe usando um lado do corpo mais que o outro e, bingo: você vai descobrir que sua postura é torta. Atente--se para isso! Sempre mantenha tudo alinhado. Esse hábito simples vai fazer com que você pareça mais bonita e magra e ainda lhe traz benefícios, como a diminuição da gordura no abdome (quando você fica na posição correta, sua barriga encolhe naturalmente). Sem falar que, encaixando o corpo dessa maneira, você para de forçar a coluna e evita problemas no futuro. Se não conseguir fazer isso sozinha, procure um especialista em Reeducação Postural Global – RPG.

Consuma menos sal

Nada de nem experimentar a comida e já salgar o prato. Você pode se acostumar com alimentos sem colocar sal ou pelo menos diminuir significativamente a quantidade. Aliás, vale lembrar que muitos alimentos já possuem sal naturalmente.

Diminuir a ingestão de sal, além de abaixar a pressão arterial, promove menos inchaço sob os olhos e nas pernas. Você sabia que quando nossos rins detectam o excesso de sódio no sangue, fazem com que o corpo retenha líquido, em um esforço para diluí-lo? Isso mesmo!

Atenção: durante nossas horas de trabalho, em pé ou sentadas, a gravidade direciona parte desse fluido para as extremidades inferiores. Os tornozelos e pés podem ficar inchados no fim de um longo dia. Quando você se deita à noite, o líquido se distribui por todo o corpo. Então, na hora de temperar o prato, lembre-se: melhor que o sabor é ter saúde, certo?

Vá ao banheiro

Muitas de nós têm vergonha de fazer o "número 2", como se fosse a coisa mais horrorosa do mundo. Lembre-se de que Angelina Jolie, Jennifer Lopez, Paris Hilton e todas as mulheres do mundo se sentam no trono, da mesma forma que você!

O ideal é ir ao banheiro uma vez ao dia, faça sol ou faça chuva. Se você tem intestino preso, deve tomar mais água, comer semente de mamão e muitos alimentos com fibra. Evite remédios que forçam o intestino a trabalhar, pois isso só o deixa mais preguiçoso ainda, além de não ser saudável.

Aqui vai uma dica preciosa: faça um *mix* matinal poderoso com aveia, linhaça dourada, chia, uva-passa e granola. Coma esse preparado com frutas ou misture ao leite. Você vai ver que o número 2 não será mais problema.

Os benefícios de ir ao banheiro todos os dias serão maravilhosos, uma vez que você não terá gases, abdome dilatado, mal-estar ou dor nas relações sexuais. Experimente!

Para evitar que a próxima pessoa a usar o banheiro saiba o que você fez, acenda um fósforo após o uso. Os gases que estavam no ar se queimam e todo o cheiro é eliminado.

Coma devagar

Você sabia que o seu estômago não tem dentes? Portanto, os alimentos devem ser muito bem mastigados. Assim, seu estômago não ficará pesado após as refeições e você não terá a sensação de cansaço nem de estufamento. Não ficará com o abdome dilatado e ainda poderá emagrecer.

Quando estamos com muita fome, o primeiro impulso é comer tudo o que vem pela frente e repetir em seguida – sem falar na sobremesa. O problema é que o cérebro leva cerca de vinte minutos, a partir da primeira garfada, para registrar que o estômago está cheio. Depois disso, ordena ao corpo que pare de sentir fome. Por isso, é importante respeitar esse tempo e se alimentar com calma. Uma mastigação tranquila favorece esse processo. Portanto, quanto mais rápido você se alimentar, mais tenderá a comer e a engordar.

A ordem dos alimentos pode influenciar nesse processo, por isso é melhor começar pela salada. E é importante controlar a ansiedade para não abusar na quantidade de comida.

Anote aí:

◆ Coma com um garfo para sobremesa, já que assim você levará menos comida à boca.

◆ Não se alimente mexendo no celular ou vendo televisão: isso distrai e você acaba comendo mais.

◆ Não beba líquidos durante as refeições.

Alguns alimentos que aumentam a sensação de saciedade:

◆ Abobrinha
◆ Berinjela
◆ Alface
◆ Laranja
◆ Mamão
◆ Banana

TPM

Em algumas mulheres, a tensão pré-menstrual chega a ser tão séria que recebe outro nome: tendência para matar! E o pior é que algumas quase matam... Não é possível que uma mulher passe um terço do mês de mau humor, deprimida, irritada ou com grandes oscilações de ânimo. Se você mesma não se aguenta, por que o outro teria que aguentar? Existem formas de amenizar os sintomas, sabia?

Se você tem TPM, procure orientação médica urgente. Hoje existem medicamentos, terapias, chás e exercícios físicos que podem amenizar o problema. Seu parceiro agradece!

SONO

A quantidade de horas de sono vai depender de cada pessoa, e pode variar entre 6 e 10 horas. O importante é a qualidade do sono que você tem.

Muitas pessoas se deitam para dormir e "fritam" por horas na cama. Têm sono agitado, pesadelos, acordam várias vezes à noite, roncam, têm apneia, sudorese. Acordam exaustas, durante o dia estão muito cansadas, com sono, sua produção e o raciocínio diminuem e o grau de irritação aumenta.

Fique atenta caso tenha alguns dos sintomas citados. Analise se está passando por uma fase turbulenta (o estado emocional pode ser a causa da insônia) e busque alternativas para melhorar a qualidade do seu sono. Evite dormir com a TV ligada, borrife uma essência calmante na cama (as lojas especializadas podem lhe indicar cheirinhos propícios). Tome um chá de camomila ou erva-cidreira antes de ir pra cama. No quarto, deixe o ambiente ventilado e organizado (pessoas que têm TOC não conseguem dormir em espaços bagunçados) e faça um exercício de respiração ao deitar. Respire profundamente e devagar, faça isso umas cinco ou sete vezes e escute seu corpo. Esse pequeno truque vai fazer com que você relaxe. Se nada disso der certo, procure um médico para fazer uma avaliação.

ALGUMAS DICAS PARA DORMIR MELHOR

- Uma hora antes de dormir, não mexa no celular ou *tablet*. A luz da tela manda para o seu cérebro a informação de que ainda é dia e, consequentemente, ele não libera o hormônio do sono.

- Evite filmes tensos ou violentos antes de se deitar.
- Não coma muito no jantar. O estômago pesado pode incomodar durante o sono.
- Bebida alcoólica pode deixá-la excitada no momento em que você deveria relaxar para poder dormir.
- Seu cérebro pode ser treinado: você precisa criar uma rotina para ele saber que você está se preparando para se deitar e dormir.

EXERCÍCIOS FÍSICOS

De acordo com a Organização Mundial da Saúde, a atividade física reduz o risco de morte prematura por doenças cardiovasculares, diabetes do tipo II e câncer de cólon. Esse hábito ainda diminui os índices de depressão e ansiedade, ajuda a controlar o peso corporal, abaixa a hipertensão arterial, mantém a saúde e o bom funcionamento do sistema músculo-esquelético, melhora a mobilidade e promove o bem-estar psicológico.

Movimentar-se pode prevenir:

- Osteoporose
- Diabetes
- Hipertensão
- Enfarte

O exercício físico melhora:

- Capacidade de se cuidar
- Autoestima
- Capacidade funcional
- Postura
- Imunidade
- Padrões do sono
- Convalescença
- Desempenho fisiológico

Praticar atividade física reduz:
- Dor
- Obesidade
- Fadiga
- Incontinência
- Necessidade de alguns medicamentos
- Solidão

O sedentarismo pode contribuir para:
- Problemas cardíacos
- Asma
- Múltiplas incapacidades
- Angina do peito

Não se exercitar pode causar algumas complicações como:
- Trombose venosa profunda
- Edemas
- Constipação
- Depressão e ansiedade
- Dependência
- Quedas e lesões
- Má circulação

Se tudo isso não for suficiente para tirá-la do sofá, você ainda terá um motivo que a fará repensar, espantar a preguiça e se movimentar: a saúde e a beleza do seu corpo!

Não pense que existe milagre para ter um corpo bonito, sarado ou bem definido. Isso requer muita determinação, vontade, garra, suor e nada de preguiça!

Você pode se matricular em uma academia ou aderir a um desses planos on-line de exercícios para fazer em casa. Aliás, quer atividade mais democrática que corrida ou caminhada? Mas lembre-se: antes de começar a se movimentar é preciso passar por um médico, por uma avaliação física, e fazer exames.

Assim como você tem metas no seu relacionamento, tenha para seu corpo e sua saúde. Com certeza você adorará os resultados!

COMPORTAMENTO

Bem, falamos de você se transformar verdadeiramente em uma princesa. Mas nada disso adiantará se não se portar como tal. Não estamos sugerindo que seja uma vaquinha de presépio, que balança a cabeça para tudo, que diga amém, que obedeça, ou seja, uma mulher submissa. Nada disso.

Já escrevemos anteriormente que homens ricos precisam estar ao lado de mulheres discretas, que sabem se portar: usar roupas adequadas para cada ocasião, maquiagem e acessórios (joias, bolsas, sapatos, bijuterias) que não chamem a atenção no sentido negativo. Como já detalhamos tudo no Capítulo 3 – *O que fazer para desabrochar a melhor versão de você*, vamos só relembrar alguns itens mais que importantes.

- Não se apaixone somente pelo dinheiro do seu parceiro, mas por ele também.
- Respeite-se: nada de comportamentos bizarros, como beber demais, se oferecer ou falar coisas que não deve.
- Seja discreta: ao começar a sair com seu par, não fique ostentando nem postando nas redes sociais fotos do que ganhou ou de onde esteve. Preze pela segurança dos dois.
- Seja sincera. Um homem milionário quer transparência desde o começo da relação, porém sempre com delicadeza e educação.
- Invista em cultura. Homens bem-sucedidos frequentam eventos de alto luxo, que exigem, além do visual impecável, conduta de uma verdadeira dama. Atualize-se, saiba conversar, seja interessante.
- Surpreenda seu parceiro. Aprenda a fazer o prato predileto dele ou organize um jantar a dois impecável. Homens adoram a sensação de gratidão.

TECNOLOGIA A FAVOR DA BELEZA

Hoje a tecnologia é usada a favor das mulheres para quase tudo. E você deve ser uma das adeptas da beleza proveniente desses recursos. São dezenas de técnicas que melhoram a flacidez, uniformizam a pele e estimulam a produção de colágeno, por exemplo. Temos desde procedimentos a *laser* até cosméticos superavançados, e os benefícios são incontáveis. Mas lembre-se: o que é bom para sua amiga pode não ser indicado para você. O ideal é procurar ajuda especializada, uma espécie de consultoria mesmo. Atualmente, não é preciso gastar rios de dinheiro para investir em cosméticos de resultado e ter uma apresentação impecável. Basta se informar e consultar especialistas conceituados.

Se puder, é bom consultar um visagista, aquele profissional que estuda seu rosto e a harmonia dos traços. Ele vai lhe dizer qual é seu melhor lado para tirar fotos, a cor e o corte ideais para seu formato de rosto e até lhe dar dicas de como se portar e se vestir de acordo com sua personalidade. A maioria dos bons profissionais já indica parcerias com dentistas, esteticistas e dermatologistas, visando um atendimento completo. Hoje é possível ter um nariz empinado sem cirurgia! Às vezes apenas esse detalhe pode fazer maravilhas em sua aparência.

Pronto! Podemos dizer que já temos uma princesa formada. Se você seguiu todos os passos do livro até aqui, significa que está pronta para seguir adiante. E vamos juntas, porque há muito ainda o que falar – ou melhor, ler!

CAPÍTULO 5

SEGREDOS REVELADOS
OS TIPOS DE HOMENS RICOS E ARMADILHAS

"Só há duas maneiras de viver a vida: a primeira é vivê-la como se os milagres não existissem. A segunda é vivê-la como se tudo fosse milagre." Albert Einstein, cientista

Nos capítulos anteriores, pedimos a você que mudasse algumas condutas internas que faziam parte de seu comportamento, bem como a sua imagem. Depois dessa transformação, é necessário olhar mais uma vez para o seu interior para corrigir detalhes. Afinal, ao mudar a casca da fruta, também alteramos um pouco sua essência. Por isso, resolvemos chamar esta parte do livro de SEGREDOS REVELADOS.

Olhando-se novamente no espelho, e com 100% de sinceridade, siga as dicas para terminarmos nosso plano de ação antes de verdadeiramente buscarmos seu PAR.

CULTIVE SEU INTELECTO

Cultivar as características que são atraentes para homens ricos ajudará você a ser bem-sucedida. Já falamos que você precisa ter cultura, falar sobre todos os assuntos e se inteirar do que acontece no mundo, mas isso não serve apenas na busca por um PAR ideal. Essa postura pode fazer com que você seja uma mulher segura e empreendedora. Sim! Você pode ser bem-sucedida, mesmo que esteja ao lado de um milionário. Acredite!

FAÇA DINHEIRO POR CONTA PRÓPRIA

Dê uma oportunidade ao trabalho. Se estiver funcionando, tente ser a melhor profissional de sua área. Permaneça na escola e compreenda quais novos campos estão surgindo.

Crie o hábito de guardar dinheiro mensalmente. Nem pense em mexer nessa economia. Não importa o tamanho dela, tenha sempre sua reserva econômica.

SEJA REALISTA

Você deve esquecer o relacionamento com um milionário se mesmo depois da transformação ainda não se sentir bonita, se achar pouco inteligente e ainda alimentar uma personalidade insossa e baixa autoestima. Escreva uma lista referente ao que precisa ser mudado. Você precisa parecer tão rica e poderosa quanto o homem com quem quer se relacionar. Apenas não se esqueça de sua personalidade, do seu eu interior e de seu estilo pessoal.

ROUPA DE MALHAR

Nem na aula de *spinning*! Você sabia que existe certo e errado também na hora de escolher a roupa para malhar? Imagine se o seu futuro companheiro está na *bike* ao lado e encontra você, digamos assim, toda à vontade? É essa a imagem que quer passar? Nunca mais! Se você tem o quadril mais largo que o restante, desvie os olhares para o decote. Assim você disfarça e ainda seduz, de maneira discreta, claro. Prefira sempre roupas mais escuras, para não marcar o corpo nem criar aquelas manchas de suor (credo!). Para mulheres que têm ombros largos, o truque é investir em calças com mais detalhes e deixar a parte de cima mais *clean*. Se você não tem muita cintura, prefira blusas soltinhas por cima do top. Para quem está acima do peso, o ideal é apostar nos decotes em "U" ou "V", que tiram o foco da barriga e do quadril.

NÃO SEJA TÃO ÓBVIA

Nada de falar sobre quanto dinheiro você quer ter ou sobre quanto seu milionário acumula. Se ele entrar no assunto, seja educada e não faça perguntas. Faça com que o dinheiro não pareça ser o centro da conversa.

Normalmente, quem tem muito não fica contando vantagem, uma vez que para o milionário é natural gastar, possuir bens de marca, usar produtos sofisticados e frequentar lugares renomados e caros.

SEJA UMA DAMA

Evite praguejar, ficar bêbada, usar drogas, gargalhar, falar palavrões, se comportar agressivamente e usar roupas minúsculas. Lembre-se de que a maneira como você se veste e se comporta fala por você. Não adianta ser honesta, precisa aparentar honestidade também!

LOCAL DE TRABALHO

Cultive um estilo mais elegante, afinal, no local de trabalho não se deve usar roupas extravagantes. O que deve chamar a atenção é a sua capacidade intelectual e, no máximo, a sua elegância. O corredor da empresa não é passarela para você desfilar e sala de reunião não é balada, portanto use roupas apropriadas para cada local.

Nada de misturar. A discrição é o mais recomendado no ambiente de trabalho.

ACREDITE QUE VOCÊ VALE A PENA

Você precisa saber a diferença entre ganância e valor pessoal. Não importa quanto seu homem rico gaste com você, não se impressione muito, porque você deveria saber que você vale a pena. Por outro lado, não ache que a generosidade dele é uma garantia. Certifique-se de expressar gratidão genuína, porque os esforços dele merecem o reconhecimento devido. E se ele parece um pouco generoso demais, mostre alguma classe e recuse um presente de vez em quando. Não é porque ele quer dar um agrado que você deve receber.

NÃO TENHA MEDO DE DISCORDAR

Os homens realmente poderosos e ricos gostam de desafios. A maioria deles irá valorizar uma companhia que não lhes diga tudo o que querem ouvir. Afinal, todo mundo se ajoelha aos pés deles! O complicado é saber como discordar sem ser ofensiva ou rude. Você precisa falar o que pensa honestamente, sem insultar a pessoa. Isso não deveria ser só uma dica de como conquistar um homem rico, pois é uma regra para a vida toda.

DESVENDANDO OS MILIONÁRIOS

A maioria dos homens ricos possui um alto padrão de vida. Eles são elegantes, encantadores, charmosos, espirituosos, sexy, inteligentes e se vestem muito bem. Gostam de coisas sofisticadas, caras e de marca. Você identifica um homem rico rapidamente: seus dentes são perfeitos; seus sapatos sociais jamais terão sola de borracha; seu relógio serve para tudo, até para mostrar as horas; suas roupas estão sempre bem passadas e impecáveis. Mesmo de bermuda e camiseta polo eles aparentam riqueza, e estão sempre com cara de quem acabou de sair do banho. Nunca, jamais, em hipótese alguma faltará um botão na camisa ou ele vestirá uma blusa de lã com bolinhas ou colarinho puído. Nunca!

Aliás, você sabia que muitos deles são metrossexuais? O metrossexual gosta de se vestir bem e de estar na moda. Investe em vestuário e acessórios sofisticados, frequenta cabeleireiros e institutos de beleza, cuida da pele, usa cosméticos, bons perfumes, faz manicure, pedicure, depilação etc.

O inglês David Beckham, jogador de futebol, casado e com filhos, foi sempre uma imagem emblemática de um homem metrossexual. O termo se popularizou no ano de 2002, por meio de um artigo escrito pelo jornalista inglês Mark Simpson, durante a Copa do Mundo de Futebol, quando o jogador posou para uma revista gay no Reino Unido. O jornalista considerou Beckham "o maior metrossexual da Grã-Bretanha", em razão de seu narcisismo ao dizer que adorava ser olhado, tanto por homens como por mulheres.

O comportamento do metrossexual pode gerar comparações com um homossexual. No entanto, o que marca o comportamento do metrossexual é o seu estilo vaidoso e os cuidados excessivos com a imagem, que antes eram considerados exclusivos do universo feminino. Esse novo comportamento contribuiu para que o mercado de produtos de beleza e moda voltados para o público masculino aumentasse de forma significativa.

Podemos afirmar que não existe um estereótipo para os milionários. Alguns deles são solteiros, outros, viúvos, divorciados ou casados. Outros subiram na vida por conta de heranças de família ou por puro suor mesmo, ou até de forma ilícita. O que você precisa saber é que, dependendo da condição sentimental de seu par, você pode ou deve agir de certa maneira. Por exemplo, ao namorar ou ficar com homens casados, você tem que ter em mente que sua consciência é seu guia. Não suas amigas ou a sociedade.

Se você se sentir desconfortável sobre conhecer ou ficar com um homem que é comprometido, não o faça. Se isso não a incomodar, apenas esteja certa de que existem regras a seguir, antes que você espere mais da relação.

Você pode ter um homem que quer mimá-la, que adora cuidar de você, que gosta de presenteá-la, e você não precisa nem deve se sentir culpada por isso.

Vamos voltar às denominações anteriores: seu milionário pode ser solteiro, viúvo, divorciado ou casado. Nenhum deles gosta de cobrança. Eles querem curtir a vida ao lado de uma mulher que saiba dar valor ao que o dinheiro e o amor juntos podem proporcionar. Então, nada de discutir a relação ou provocar seu homem com joguinhos ou insinuações. Ele já vive em um ambiente de cobrança e tensão no trabalho, e não quer nem precisa estimular isso na vida pessoal também.

Homens ricos geralmente são verdadeiros quando perguntados sobre seu estado civil, porque prezam pela sinceridade. Então, nada de dar uma de coitada por ser a outra ou sentir-se menosprezada por não ser exclusiva. Faça o contrário: em vez de cobrar dele uma posição, faça com que ele se sinta feliz ao seu lado. Faça com que os momentos que passam juntos sejam eternos e marcantes. E o que tiver que ser acontecerá automaticamente. Combinado?

Tanto o homem que herda a fortuna da família quanto o que a tem pelo suor de seu trabalho preza por uma palavra: gratidão. Sim, o milionário sabe que não está em uma posição privilegiada por acaso e não quer ser indagado quanto a isso. Não interessa como ele chegou ao topo, o que interessa é que ele está buscando uma mulher que o complete e o faça feliz nos momentos de lazer. Mas lembre-se: não é porque seu homem é generoso que você vai dar uma de louca e sair por aí esnobando e se descontrolando financeiramente. Homens ricos odeiam companheiras fúteis, que parecem gastar seu dinheiro sem lhe dar a devida importância. Respeite a si mesma, seu homem e o dinheiro dele. Sempre!

Alguém bem-sucedido não tem essa condição somente em sua conta bancária. Na maioria das vezes ele é atencioso, educado, tem caráter e é generoso. Lembre-se de que de nada adianta ter milhões na conta se o homem é mesquinho, cheio de vícios ou um cidadão sem palavra. Ele deve lhe dar atenção, alegria e apoio em todos os sentidos, porque afinal você merece! Um milionário deverá dar a você a capacidade de ser uma princesa, ou melhor, uma mulher segura e desejável. Um homem rico deverá maximizar o seu potencial por meio de encorajamento e parceria.

Um homem rico de coração e de espírito normalmente é um homem que está repleto de energia positiva e pronto para fazer o bem. As pessoas ficam ao seu redor porque gostam de sua personalidade, apreciam-no como pessoa, e não somente por seu dinheiro. Dessa forma, ele atrai outros indivíduos positivos e dinâmicos que fazem coisas maravilhosas acontecerem. De novo, a lei da atração. Um homem que é rico de coração e rico em espírito pode existir sem a riqueza monetária!

Quer analisar se seu futuro pretendente é um homem rico de coração e alma? Basta observá-lo um pouco de longe. Seu sorriso é verdadeiro? Ele contagia as pessoas ao seu redor? Ele faz contato visual com quem conversa? Ele é educado com todos à sua volta? Ele é educado com garçons, manobristas e qualquer outra pessoa? Ele trata as mulheres com respeito? Enfim, estude-o sem que ele perceba. Isso é primordial para que o seu relacionamento caminhe para o sucesso e para que você não caia nas garras de um louco por dinheiro, ou seja, alguém pouco preocupado com o próximo ou com as consequências de suas atitudes.

O homem bem-sucedido ideal é aquele que é rico de coração e transborda valores pelo espírito. Quer saber se ele não é rico de coração nem transborda de alma? Geralmente homens assim vivem de mau humor, parecem ser brutos, não têm comportamento de gratidão e muito menos algo chamado educação (ou berço). Possivelmente esse candidato será rude, egocêntrico e mesquinho e deve ser riscado de sua caderneta de contatos.

Não interessa como foi sua criação, porém você sempre terá como espelho o relacionamento dos seus pais. Feliz ou infelizmente, desde crianças carregamos memórias que formam o quebra-cabeça de como seremos em nossos relacionamentos.

Nesse caso, o primeiro casal que vemos e com quem convivemos (e nos apaixonamos ou não) geralmente é constituído por pai e mãe. Dessa forma, esteja atenta ao que viveu no passado para não repetir os mesmos erros no futuro. Por exemplo, se você cresceu vendo sua mãe infeliz no casamento, provavelmente, e quase sem perceber, você vai abolir o compromisso de sua vida. Nesses casos, é sempre interessante investir em uma boa terapia.

QUALIDADE IMPRESCINDÍVEL EM UM PAR

Uma qualidade deve ser essencial na escolha de um pretendente: ele deve parecer confiante, deve ter um olhar confiante. Ele deve SER e PARECER honesto! Você pode perceber isso de acordo com as reações das pessoas que estão ao redor dele. Se todos o admiram e o respeitam, bingo! Não confunda atenção ou respeito com o valor da conta bancária da pessoa. Muitas vezes você pode pensar que uma pessoa tem dinheiro porque ela está recebendo um tratamento diferenciado por parte dos outros, mas não é isso que importa. Homens ricos são geralmente mais seletivos e até meio desconfiados; isso é normal. O que eles querem saber é onde está seu interesse: na companhia e história de vida que eles apresentam ou nos cartões de crédito e opções de viagens que lhe podem servir.

Por isso, você deve se mostrar uma boa ouvinte e alguém extremamente interessada nele, e não no que ele tem. Você deve saber sobre sua vida, infância, família, suas crenças, interesses e objetivos. Deve realmente estudá-lo, mas com o intuito de que nasça o amor ou atração verdadeiros. Lembre-se: demonstrando interesse em seus *hobbies*, conquistas e em todos os detalhes de sua vida, você irá fazer com que ele se sinta importante e, melhor, fará com que ele se sinta à vontade ao seu lado.

Outra coisa: quer você acredite, quer não, ter mais dinheiro não significa necessariamente o fim dos seus problemas financeiros.

Homens com mais dinheiro também têm mais despesas e precisam saber controlar tudo. Demonstrar que você sabe lidar pelo menos um pouco com finanças o deixará calmo para aproveitar o melhor da vida ao seu lado.

Mesmo que você se case com um homem bem-sucedido, aconselhamos que mantenha um pé de meia SÓ SEU. Muitas coisas podem acontecer em um relacionamento, e geralmente esses homens têm filhos ou família que futuramente disputarão a herança e os imóveis. Além disso, pode acontecer algum imprevisto ou, ainda, vocês podem simplesmente se separar. Releia este parágrafo!

Mais cedo ou mais tarde, seu príncipe vai parar na sua casa. Se você costuma manter o lugar arrumado ou não, agora é a melhor hora para fazer isso. Homens adoram que a mulher tome conta disso e viva em um ambiente arrumado e limpo. Lembre-se: você pode compor uma decoração de bom gosto, com pequenos detalhes, como molduras com pôsteres de reproduções de obras de arte e truques bacanas. Basta misturar cultura e estilo – com muito bom senso, claro. Esconda, doe ou jogue fora tudo que você não usa ou não quer que ele veja, e, se tiver um animal de estimação, certifique-se de que no dia da visita do seu par ele esteja limpo e cheiroso. Seu espaço diz muito sobre você, então mostre a ele sua verdadeira essência.

Uma coisa é certa: um milionário quase sempre será um *gentleman*. Sim, eles são educados a praticar a arte do cavalheirismo. Essas atitudes não são muito comuns hoje em dia, mas você deve se acostumar com gentilezas.

O *gentleman* moderno não trata uma mulher como algo frágil, que precisa de proteção. Ele a admira, se preocupa e tem orgulho dela. E podemos afirmar que existem vários tipos de cavalheiros, sabia? Olhe só.

Clássico

O *gentleman* clássico não admite a falta de boas maneiras em sua rotina. Ele tenta dar exemplo sempre e é elogiado por isso. Ele trata a mulher que está ao seu lado como uma verdadeira princesa.

Sabe mimar e cuidar dela como ninguém. Esse tipo de homem consegue prever o que sua garota deseja, é capaz de sacrificar seu precioso tempo para fazer uma surpresa para ela e se sente muito feliz em ajudá-la a conquistar seus objetivos.

Seletivo

Esse tipo de homem rico já conheceu todos os tipos de mulheres desejáveis e descobriu qual lhe agrada mais. Por isso, ele é um cavalheiro seletivo, que dificilmente pode ser enganado. Esse *gentleman* também é específico quanto a viagens, restaurantes e presentes, gosta de exclusividade e irá querer que a garota se relacione só com ele. Sem dúvida, ela será muito mimada, conhecerá tudo do bom e do melhor e conquistará muito mais do que sonhou.

Decidido

Esse homem é aquele que nunca se assustou com os desafios que enfrentou na vida e que não se importou com as pessoas que subestimaram as suas habilidades, antes de construir seu império. Ele é um cavalheiro corajoso, ousado e determinado, que não desiste até conseguir o que quer, inclusive uma mulher desejável que tenha despertado sua atenção. Se ele deseja essa companheira, vai cortejá-la com perfeição, fazendo-a se sentir a garota mais poderosa do mundo. O *gentleman* decidido quer ser feliz e assume qualquer risco para isso.

Seguro

O cavalheiro seguro é um homem maduro, que tem muita experiência de vida e sabe bem o que quer. Geralmente, esse tipo de milionário não mantém um relacionamento sério e tem várias mulheres. Ele é sedutor e encantador, mas sabe ser dedicado e cumpre tudo que é acordado na relação. O tempo desse homem rico será escasso, mas os momentos que ele compartilhar com uma garota serão memoráveis, únicos e especiais.

O CAMINHO DA CONQUISTA

Para conquistar um homem é preciso muito. Agora, para encantar um milionário, meu bem, é preciso TUDO. Vamos relembrar a nossa trajetória até aqui: depois do autoconhecimento, depois de investir em seu Vision Board, após as mudanças internas e visuais, é preciso adotar uma estratégia para assumir o caminho da conquista. Por isso, separamos três dicas infalíveis para você aplicar em seu dia a dia.

1 – Responda sinceramente: por que alguém deveria se envolver com você? Não caia no erro de focar apenas os benefícios que você terá ao ficar com um milionário. Você deve pensar grande. A chave para chamar a atenção de um homem rico é mostrar a ele por que é especial e como irá atender as suas necessidades. Ele precisa ter certeza de que você é diferente e de que vale a pena investir em seu tempo juntos.

2 – Proteja a privacidade de seu milionário. É importante que você antecipe os possíveis riscos da relação. Por exemplo, se vocês podem ser vistos em público ou não; se ele é casado; se o trabalho dele impede que o relacionamento seja exposto. Seja qual for a situação, você precisa ser compreensiva e discreta. Você deve dar sinais de que preza pela privacidade dele – e também pela sua. Dessa forma o milionário terá certeza de que está com uma mulher madura e cuidadosa.

3 – Não seja egoísta. Homens ricos não querem gastar seu tempo com mulheres que só sabem falar de si mesmas. Já dissemos aqui que eles procuram ficar ao lado de alguém com conteúdo, que saiba conversar sobre qualquer assunto. Se você só está preocupada em dizer quanto sua vida é incrível ou sobre futilidades, saiba que essa atitude só vai afastar os pretendentes.

MANUAL DE INSTRUÇÕES JÁ!

"Amar não é aceitar tudo. Onde tudo é aceito, desconfio que há falta de amor." (Vladimir Maiakóvski)

Não se surpreenda se você já souber muito dessas ideias. Nós não as inventamos. O que fizemos foi reescrevê-las de uma forma que fique mais fácil colocá-las em prática a fim de que você atinja o seu objetivo. São diretrizes para ser mais feliz e mais bem-sucedida em qualquer coisa que você decidir fazer.

Afinal, você quer colocar em prática a melhor versão de você, certo? Você tem muita dignidade, amor-próprio, humor, generosidade e realização. Seu próprio comportamento atrai homens de bem!

Vamos revelar os segredos para você ter muito mais sucesso:

1. Sempre tenha confiança. Diga a si mesma que você é uma rainha. Diga a si mesma o suficiente para acreditar. Você realmente acredita, porque sente e age como se fosse verdade. Quando você se vê dessa maneira, os outros também a veem assim.

2. Certifique-se de olhar o seu melhor, sua aparência e higiene, para definir quem você é e como será tratada.

3. Exija ser tratada com respeito. Se você permitir que o seu pretendente ou qualquer outra pessoa a trate com desrespeito, isso pode fazer com que ele a veja como alguém de pouco valor. Nessa configuração, você perde a confiança em si mesma.

4. O outro lado da moeda é sempre ser respeitosa com os outros. Lembre-se do velho ditado: "É bom ser importante, mas é mais importante ser agradável". Sorria para as pessoas e tenha um comportamento doce e feminino. Assim você as encantará. Isso não significa ser falsa!

5. Mantenha uma postura de rainha e não seja atraída para os argumentos ou comportamentos de plebeia. Isso significa ficar fora de conflitos com seus ex-namorados, futuros pretendentes, membros da família, parceiros de negócios ou qualquer outra pessoa. Lembre-se: rainhas são confiantes e seguras. A luta fica para pessoas que estão abaixo de você!

6. Deixe seu pretendente saber que não é a única pessoa que a vê como uma grande mulher. Se ele sabe que outros também a desejam, isso reforçará sua opinião sobre você como uma rainha.

7. Analise se você quer o sexo como consequência de um relacionamento, como causa ou aventura. Deixe que seu pretendente construa um desejo saudável por você. Seu par deve avaliar todos os seus atributos, não apenas o seu eu sexual.

Você é muito mais que uma mulher linda. Deixe a intimidade entre vocês crescer. Se houve atração física, ótimo, deixe o sentimento amadurecer.

8. Use o seu lado feminino, mas não demonstre ser fraca ou insegura. Seu pretendente pode querer ajudar no início, mas ele não vai querer estar sempre resgatando uma donzela em perigo. Os homens gostam de mulheres fortes, mas femininas.

9. Evite expor o seu par. Preserve a masculinidade dele e evite ameaçá-lo com atitudes. Mesmo que você tenha o quinto grau de faixa preta de caratê, ao lado de seu parceiro, lembre-se: ele é o homem, portanto evite fazê-lo sentir-se menosprezado.

10. Respeitar a posição de que seu pretendente é o homem da relação não quer dizer se anular. Tenha confiança em sua própria força também.

11. Tenha outras coisas acontecendo em sua vida: uma carreira, *hobbies*, trabalho de caridade, sua família, amigos, cultura, esportes, seja o que for, mas ocupe-se também com outras coisas! Não passe a impressão de que está à disposição dele 24 horas por dia. Não fique como se estivesse na prateleira esperando que ele a encontre. Seu par nunca deve pensar que você só tem a ele na sua vida. Nunca!

12. Seja um pouco misteriosa. Não se abra como uma mala velha! Nem tudo precisa ser dito, preserve-se.

13. Faça com que seu par venha atrás de você. Evite correr atrás dele. Se pressioná-lo, você pode passar a imagem de gananciosa ou desesperada. E essas não são qualidades de uma mulher desejável, certo?

14. É sua responsabilidade fazer as coisas que a deixam feliz. Certamente você pode, junto com o seu parceiro, buscar tais coisas.

15. Cuide de suas preocupações físicas, mentais e emocionais antes de entrar em um relacionamento. Não espere envolver seu par nisso. Corrija quaisquer problemas sérios que você tenha antes de buscar seu milionário. Se você tem hábitos que podem se tornar vícios (um transtorno alimentar, álcool, drogas, jogos de azar, compras exageradas, TOC etc.), procure ajuda profissional antes de embarcar em sua jornada para encontrar o seu par ideal. Prepare-se antes, dessa forma você terá foco.

16. Seja seletiva quanto à pessoa que escolher para você. Não saia com um homem que gasta muito tempo reclamando da sua ex-mulher ou das namoradas que se aproveitaram dele. Se ele está tendo essa atitude, é porque não se curou emocionalmente e precisa de ajuda. Cuidado com essas armadilhas na busca por seu milionário.

17. Espere que seu par trate os outros de maneira cordial, independentemente do tamanho de sua riqueza. Um bom homem e de caráter exemplar deve tratar bem as pessoas. Deve ser educado, gentil e demonstrar respeito. Se seu pretendente é rude com os garçons, manobristas ou empregados, ele não é o homem certo para você. Essa atitude demonstra que há uma grande possibilidade de que, em algum momento, ele a trate da mesma maneira. Tenha em mente esta frase: "O dinheiro não muda as pessoas, apenas mostra quem realmente elas são". (Ramires)

Mantenha seu pretendente em um padrão elevado quanto a princípios. Alguns homens ricos acreditam que o dinheiro lhes permite fazer o que querem: trapacear, furtar, dirigir embriagado, cometer grosserias, desrespeitar as pessoas. Se você não tolera o comportamento rude de um caixa de banco, também não deve aceitar o desrespeito do presidente da empresa.

18. Fique atenta aos detalhes. Olhe para os pequenos sinais de grosseria do seu parceiro. Se você perceber que ele se exalta, falando palavras de baixo calão e ofensas, atenção! Isso pode piorar rapidamente. Se ele tem violência na mente, mesmo que verbal, afaste-se. Mulheres desejáveis e seguras não toleram humilhação.

19. Confie em sua intuição. Se você sentir alguma coisa na relação que não lhe agrade, acredite. Sabe aquela história de sexto sentido ou voz da consciência? Dar valor a isso pode tirá-la de uma verdadeira cilada.

Às vezes os homens têm casamentos de aparência que são simplesmente modalidades de negócios, contratos ou razões políticas. Eles não estão na relação por amor às esposas e podem muito bem ter quartos separados (ou mesmo casas distintas). A mulher pode estar ciente de que o marido tem amantes, e ela pode ter alguns também. O ideal é sempre ter uma conversa franca sobre que tipo de relacionamento vocês querem alimentar.

Há diferentes tipos de homens ricos. Vamos descrever alguns para que você os reconheça de cara ou no início da relação.

- Rico em potencial: geralmente ele é um rapaz de cerca de 30 anos que está construindo seu império. Motivado, inteligente, audacioso e detalhista, ele tem um foco e não pode ser desviado. Seu plano é investir no futuro e seu trabalho é fazer dinheiro. Essa pode ser uma boa escolha para você se quiser ser companheira dele, se se interessar pelos seus negócios e ter paciência com os altos e baixos que a estrada da riqueza pode exigir. Aliás, você deve ser compreensiva, pois ele está construindo algo, ou seja, ele não vai admitir gastar seu dinheiro com futilidades, já que seu plano é investir em seus negócios.

- Estabelecido em sua carreira: com cerca de 35 anos, ele está estabelecido em seu negócio e segue no rumo de alcançar ainda mais. Diferente do anterior, ele já tem reservas, já criou um plano de carreira e de ação. Ele é um rico em potencial pela estabilidade que oferece, já que não se arrisca demais em outras áreas ou negócios. Esse tipo de homem ainda está aprendendo e adaptando seu modo de vida ao de alguém rico e está aprendendo a ser chefe. Ele normalmente tem um mentor ou alguém que serve como um modelo de vida. Esteja preparada para incentivá-lo, mas não exija dele grandes surpresas: ele sabe onde pisa e calcula tudo na vida. Ou seja, não é do tipo que vai lhe oferecer uma viagem a Paris de uma hora para outra, na loucura, sem planejar.

- Semirrico: esse é o cara que está no processo de construção de seu patrimônio. Geralmente, esse tipo de homem já herdou algo da família, um negócio que começou há muitos anos e tem tradição. Ele está em processo de amadurecimento, e, se você quiser acompanhá-lo, precisa ter um comportamento mais tradicional, mais comedido, já que esse homem deve ter sido educado em colégios tradicionais e faz parte de uma família daquelas que vemos em filmes americanos ou ingleses.

- Rico: esse pretendente deve estar na casa dos 40 anos. Ele tem a sua própria empresa ou muitas delas. É um líder respeitado por sua integridade e liderança. Estabilizado, vive em rodas de amigos de mesmo nível e quer desfrutar os momentos de lazer aproveitando o luxo que é fruto de seu esforço no trabalho.

- Ultrarrico: o multimilionário, ou até mesmo bilionário, tem mais de uma residência no mundo. Ele tem algumas ou várias casas em outros países. Esse tipo de homem é engajado socialmente, não perde tempo com nada e é muito requisitado. Preocupado com a segurança, é o tipo de homem que não gosta de exposição e vive rodeado de assistentes pessoais. A mulher que vai acompanhá-lo precisa entender que ele é ocupado demais e não pode reclamar. Famoso, tem sua vida exposta de vez em quando em virtude de sua posição social. Por isso, merece verdadeiramente uma mulher que saiba se portar como princesa.

Como o homem acumulou sua fortuna e com que tipo de pessoas ele lida diariamente pode dizer muito sobre o pretendente. Embora existam muitos tipos de personalidades, existem certas características que podem ser generalizadas nos seguintes grupos:

- Os herdeiros: já nasceram em berço de ouro e têm a missão de dar continuidade ao patrimônio da família. Esse tipo de homem costuma usar a riqueza e o sobrenome a seu favor. Quando são bons, se transformam em verdadeiros príncipes. Já quando são mimados ou ruins, vivem enfrentando problemas e dramas pessoais com filhos ou ex-esposas. Saiba identificar de que lado ele está.

- Os magnatas: são praticamente sósias de Donald Trump. Para eles, a vida se resume a comprar ou vender bens, desde residências a edifícios de escritórios. A negociação é a chave para o seu sucesso em tudo. Eles percebem nichos de mercado e investem em negócios certos, que não param de crescer. Com esse tipo de homem você deve ter cuidado, para que sua relação também não vire um negócio repleto de regras. O lado positivo é que eles normalmente têm dinheiro mais do que suficiente para tornar a vida boa de verdade.

- Os investidores: são rapazes extremamente estressados, porque lidam com grande quantidade de dinheiro e pressão. Pilhados, pensam em negócio o tempo todo. A desvantagem de namorar caras de investimento é que a sua vida emocional pode ser ofuscada pela vida de trabalho, ou seja, você pode esperar grande pressão. O lado positivo é que a relação não precisa de uma dose de energia ou adrenalina à parte. Isso existe naturalmente.

- Os empresários: eles podem estar classificados tanto na categoria dos ricos quanto na dos bandidos. Por quê? Porque têm o poder nas mãos: a vida de muitas pessoas depende deles, já que são empregadores em potencial. Esses pretendentes tendem a saber o que querem e esperam que os outros saibam também. A desvantagem de namorar homens nessa categoria é que os negócios quase sempre têm prioridade (de novo a vida profissional vem acima da pessoal). A vantagem é que esse tipo de par sabe respeitar e elogiar quem está ao seu lado.

Atenção: existem homens ricos que nunca serão príncipes. Esses pretendentes geralmente cometem abusos emocionais, físicos, sexuais e espirituais (se você assim permitir). Saiba fugir de um perfil desses levando em consideração seu comportamento doentio já nos primeiros encontros. Ele se demonstra ciumento e controlador, quer forçar você a desistir de seus amigos, deseja alterar suas crenças religiosas e rebaixa você na frente dos outros. Respeito é uma palavra que não está em seu vocabulário, porque ele simplesmente acha que o dinheiro pode comprar tudo. Não, não pode! Muito menos você!

Além desse tipo, existe o falso generoso. Se seu par tem dinheiro e mostra que não quer gastar com você, é sinal de que ele não a respeita ou não está inserido no relacionamento. Ele pode ser mesquinho com seu dinheiro, mas não com seu amor. Se lhe der sinais desse tipo, pule fora. Caras como esse podem prejudicar sua autoestima e lhe fazer mal.

O RELACIONAMENTO SUGAR

Você, que está em busca de um milionário, deve saber o que significa o termo "sugar". "Sugar" significa açúcar em inglês, mas é também uma forma de tratamento amoroso, equivalente ao nosso "benzinho" ou "amorzinho". Nesse relacionamento, o homem é o provedor – o chamado *Sugar Daddy* –, ou seja, aquele que vai tomar responsabilidade sobre toda a parte financeira da relação. Você será considerada uma *Sugar Baby*: uma mulher jovem, atraente, inteligente, interessante e que tem objetivos estruturados. É aquela garota que se cansou dos homens imaturos dos relacionamentos tradicionais, que sabe exatamente aonde quer chegar, pessoal e profissionalmente, e que aprecia o melhor da vida. Ela sonha alto e quer colocar todos os seus desejos em prática quanto antes.

Mas como conseguir isso? Sem dúvida, o caminho mais fácil e atraente é encontrando um homem mais velho, já no ápice da profissão, bem-sucedido, cavalheiro, elegante, que sabe o valor de uma mulher: o perfeito Sugar Daddy.

Com ele, dinheiro não é tabu. O *Sugar Daddy* é generoso e quer ajudar a *Sugar Baby* a conquistar tudo que deseja. Ele vai investir nos sonhos dela, vai mimá-la com presentes caros, viagens maravilhosas, jantares em restaurantes finos e muito mais.

O segredo desse tipo de relacionamento é a transparência. Todas as regras e expectativas da relação são previamente estabelecidas. Não há enganação nem frustrações: tudo o que ela e ele esperam do acordo é falado abertamente desde o início.

NÃO ENTRE EM ROUBADA!

Quer realmente saber se seu futuro par é o milionário que diz ser? Então vamos muni-la de informações que servirão para mantê-la longe de impostores.

- Cartão de crédito: geralmente ele terá um American Express Platinum ou um MasterCard Black. Esses cartões são reservados a pessoas com alto poder aquisitivo.

- Calçado: roupas podem até enganar, mas sapatos, não. Os melhores pares masculinos custam os olhos da cara. Faça uma pesquisa e aprenda a diferenciar os modelos.

- Relógios: uma das maneiras mais fáceis de saber se um homem tem ou não dinheiro é olhar para seu relógio. Assim como no caso do sapato, será necessário você pesquisar para virar *expert*. Pode ter certeza: os relógios irão lhe dizer muito!

- Óculos: o mesmo acontece com os óculos. Use as mesmas técnicas que você usará para diferenciar sapatos e relógios. Como a moda muda constantemente, os modelos caros de óculos escuros acompanham sua evolução. Aprenda a reconhecê-los.

Agora que você já identificou os tipos de homens, vamos ao próximo passo: saber como atrair alguém especial.

Sim! Até nisso nós vamos ajudá-la, no capítulo seguinte.

CAPÍTULO 6

PASSO 3
COMO ATRAIR ALGUÉM ESPECIAL

USE SERVIÇOS DESIGNADOS PARA ENCONTRAR SEU PAR

Há muitos serviços de encontro – tanto on-line quanto na vida real – especificamente criados para ajudá-la a encontrar um parceiro rico. Escolha uma proposta respeitável e analise seus resultados.

Esses serviços aproximam homens e mulheres por compatibilidade – portanto, lembre-se dos passos anteriores relativos à construção de seu caráter. Um dos mais disputados hoje chama-se Meu Patrocínio (www.meupatrocinio.com).

Esse site é especializado em aproximar pessoas que têm o mesmo interesse: unir amor e dinheiro para aproveitar a vida. Sim! Para mulheres, o cadastro é gratuito. Já para os homens, há uma cobrança mensal. Tem medo de entrar em uma fria na internet? Pois saiba que nesse site é feito um levantamento dos antecedentes criminais dos homens do "Perfil Elite" do site, o que aumenta significativamente a segurança para você. Normalmente, esses candidatos são os mais requisitados, devido à excelência do perfil.

É claro que existem outras formas que podem enriquecer sua busca. No Facebook você pode conhecer candidatos, porém não há um filtro nessa seleção. O que você deve ter em mente é que seu perfil tem muito a dizer sobre você. Ainda mais quando estamos falando de redes sociais tão populares como o Facebook e o Instagram. Depois das primeiras conversas e que ele souber seu nome verdadeiro, o primeiro lugar que ele vai fazer uma busca será o Face. Sendo assim, reveja tudo. Nada de postar fotos sensuais, comentários toscos ou compartilhar correntes. Um perfil assim leva a crer que você é uma mulher superficial e vulgar, tudo o que seu futuro par não quer. Ao conhecê-la por qualquer plataforma que seja, seu companheiro vai buscar referências sobre você e sua vida, e de maneira alguma isso pode atrapalhar a trajetória da conquista. Então, esteja atenta ao seu perfil e ao que você posta.

Ainda falando em encontros, temos o famoso Tinder. Cuidado! Ao se inscrever nesse aplicativo você pode passar outra mensagem errada: a de que está superdisponível e procurando um par enlouquecidamente. Lembra que falamos sobre ser discreta? Seja assim inclusive nas redes sociais.

Outro site conhecido é o Par Perfeito. Nele, não há um filtro de cadastrados. É como se fosse um Face para relacionamentos, por isso, cuidado. Como em qualquer outra plataforma de encontros, vale você cruzar as informações e depois fazer uma pesquisa na internet. A tecnologia vale tanto para aproximar pessoas quanto para fazer com que você caia em armadilhas. Use o bom senso e siga sua intuição. Nessas plataformas em que não existe classificação dos perfis é possível que candidatos criem uma ilusão ao falar deles mesmos.

FAÇA UM PERFIL PODEROSO E ATRAIA O QUE VOCÊ PROCURA

Muito cuidado ao elaborar o seu perfil. Você precisa acertar para conseguir resultados concretos na busca pelo seu sonho. Podemos dizer que um cadastro bem feito é 50% do caminho andado para encontrar seu par. Nossa sugestão é que você tenha muita cautela ao escrever e colocar fotos e informações a seu respeito nos perfis de sites de relacionamentos. Essa inclusão não deve ser feita de forma displicente ou às pressas. Perca horas e horas de seu tempo fazendo esse planejamento.

Cuidado para não passar uma imagem distorcida a seu respeito. Os detalhes podem comprometê-la e fazer com que você perca uma oportunidade: a de conhecer um homem bem interessante.

Selecionamos aqui algumas dicas, porque nem sempre é fácil ser totalmente assertiva sobre seus desejos e sonhos e, sem dúvida, a melhor maneira de atrair potenciais parceiros, do jeitinho que você imagina, é montar o perfil ideal. Aliás, essas dicas servem para qualquer site de encontros, ou para a maioria deles. A diferença entre pensar e fazer é a ação. Vamos para a ação já!

Leia com muita atenção e coloque em prática.

1. Seja objetiva

Ao descrever o seu perfil, use frases curtas e parágrafos pequenos.

Atenção com a ortografia! Em um site como esse, os dois estão procurando parceiros inteligentes, além, é claro, de outras virtudes. A maneira como você escreve diz MUITO sobre você. Aliás, uma das formas mais rápidas de afastar uma pessoa interessante é falar ou escrever incorretamente. Não despreze a gramática e revise sempre o seu perfil!

Releia e confira tudo. A primeira chance de atrair o homem de sua vida será por meio do que ele ler a seu respeito, além de suas fotografias. Toda a sua dedicação, investimento e seu precioso tempo valerão a pena.

Você já leu o perfil de um homem que era tão longo e chato que mal conseguiu chegar à metade? Não corra o mesmo risco quando seu futuro parceiro ler sobre você.

Um perfil longo em sites de relacionamentos pode ser um desperdício de palavras e incluir uma linguagem menos interessante. Mesmo que você escreva muito bem, talvez não seja capaz de manter o ritmo ao escrever parágrafo após parágrafo.

Você não deve produzir um texto que ele demore longos e intermináveis dez minutos para ler. Isso não é nada divertido, além de ser cansativo. Escrever um perfil comprido pode ser um exagero. Você não precisa incluir todos os detalhes sobre sua vida, isso é chato. Você quer que seu futuro parceiro forme uma imagem atrativa de quem você é, e não que memorize sua história de vida.

Determinados especialistas em namoro afirmam que "alguns homens gostam de mulheres que parecem 'misteriosas' em seus perfis de sites de relacionamento". A maioria das mulheres revela muitos fatos sobre si mesmas cedo demais. Abrem-se como uma mala velha. Isso faz com que o pretendente pense que ela se abre para qualquer um, sem critério, e, pior, não se preserva. Contar tudo de uma vez pode levar o outro a perder a atração inicial e a curiosidade.

Em vez disso, você não deve divulgar tudo, mas deixar um gostinho de "quero mais".

Por outro lado, para alguns homens, tentar ser misteriosa passa uma imagem negativa. Eles acreditam que ela deve ser estranha, desonesta e não quer passar uma imagem de quem realmente é, escondem o seu verdadeiro eu.

Fazer a lista de afinidades com seu futuro par é uma tarefa fácil que pode ajudá-la no começo do relacionamento. Seja específica, mas não tão inacessível a ponto de afastar as pessoas. Se você gosta de ler, por exemplo, vale a pena citar o seu autor favorito.

Se você gosta de sair para jantar, mencione o seu tipo de comida favorita e os seus restaurantes preferidos. A única maneira de encontrar algo em comum com as pessoas que irão visualizar o seu perfil é ser minuciosa.

Coloque realmente só o que leu e os lugares que visitou. Nada de inventar nesse momento! Seja sempre você: verdadeira e franca.

Nossa dica é que você seja sincera e mostre somente o que tem condições de confirmar, para depois não cair em desgraça e passar por mentirosa.

Você sabia que o cérebro não armazena mentira? Tudo o que você lê e ouve acredita que é verdade. Quando o emissor mente ao dizer ou escrever, ele esquecerá o que fez, só que o outro armazenará como verdade. Em um diálogo a máscara poderá cair!

Não existe mentirinha, mentira pequena ou mentira branda! Ocultar a verdade é um modo diferente de mentir. Portanto, NADA de mentiras. Aliás, existe um ditado popular que resume tudo: "Fale sempre a verdade, é mais fácil de lembrar".

2. Fotos

Com certeza, esse é um item MUITO importante. Nem pense em usar fotos antigas. Nunca! Jamais! Use fotos atuais, afinal, você deve passar uma imagem do que você é e não do que você foi.

Em média, em qualquer um dos sites que citamos, coloque quatro fotos, sendo duas de rosto e duas de corpo inteiro. Isso gera mistério e não diz muito sobre sua vida pessoal (é melhor preservar-se nas redes enquanto estiver em busca de futuros pares). É claro que estamos falando das fotos de perfil. Quando falamos em Facebook, por exemplo, é óbvio que as fotos existirão em maior quantidade, mas cuidado para não se expor demais. Gente que fica postando tudo que faz no Face ou no Instagram faz pensar em duas situações: ou que não tem o que fazer ou que quer provar algo para os outros, sem motivo. Esteja sozinha nessas fotos ou no máximo com o seu animal de estimação. Nunca exponha outras pessoas, principalmente crianças. Nada de cortar a foto e tirar a pessoa que estava abraçada a você: o seu futuro candidato poderá achar que era um ex-namorado que você cortou, e, vamos combinar, a foto fica horrível!

Nada de cliques vulgares, com caras e bocas e sensuais.

A foto deve mostrar quem você é de verdade. Quando ele conhecer você, deve pensar: "Nossa, ela é muito melhor ao vivo!" Nem pense em usar Photoshop e megaproduções na edição. Você não está fazendo algo para ser capa de revista.

Nossa sugestão é que você contrate um bom profissional para fazer essas fotos. Ele com certeza terá discernimento e capacidade técnica para mostrar o seu melhor lado nas imagens.

Se você não usa maquiagem e gosta de seus cabelos cacheados, não faz sentido se maquiar e fazer chapinha para a foto. A sinceridade é uma grande qualidade, principalmente nos dias atuais, de tantas mentiras e coisas falsas.

Capriche na foto! Uma iluminação bem-feita, poucos acessórios, objetos e complementos podem mostrar do que você gosta e, algumas vezes, os bens que possui.

Cuidado com o FUNDO DA FOTO para que ela não traia você a respeito do seu estilo de vida, gostos, nível social, vícios, manias etc. Procure uma parede com cor neutra, por exemplo.

Todos os detalhes são superimportantes na hora de escolher a sua foto. Capriche e fique muito atenta, pois ela dirá muito a seu respeito.

Suas fotos podem valer um relacionamento dos sonhos. As fotografias são o primeiro ponto de contato para as pessoas determinarem o nível de interesse. Sendo assim, é bom facilitar na hora de mostrar a sua aparência.

Confira as dicas a seguir sobre como devem ser as suas fotos do perfil.

- Não poste fotos de grupo, para não expor outras pessoas.
- Certifique-se de que as fotos que você escolheu estão nítidas e são atuais.
- Escolha fotos com *close*. Não use fotos em que você está muito distante, mesmo que indiquem seus *hobbies*, pois as pessoas querem ver como você é de perto.
- Sabe aqueles óculos escuros Dior, Cartier, maravilhosos? Se for só uma foto, não há problema. Melhor não escolher só cliques com esse acessório, pois pode parecer que você quer esconder algo. E se os óculos forem de marca básica ou genérica, nem pense em postar!
- Lembre-se: quem acessa a sua página quer ver o seu doce olhar e o brilho dos seus olhos.

Selfies: do modismo à breguice

É possível que, quando acabar de ler este texto, já exista outra tendência na arte de fazer *selfies*. As celebridades já não fazem a famosa *duck face* ("bico de pato", a técnica de contrair os lábios) para a fotografia. A nova tendência é posar com os lábios entreabertos.

A técnica do *fish gape* ("boca de peixe", em português) consiste em abrir parcialmente os lábios e contrair ligeiramente os músculos das bochechas. O resultado que se pretende é um ar lânguido e mais natural do que o conseguido com a *duck face*.

Nada de ficar fazendo caras e bocas, copiando e imitando famosos na hora de fazer *selfie*. Isso pode até ficar bem para adolescentes, mas não é o seu caso.

3. Fale sobre o que você quer

Você está em busca de um relacionamento sério ou só procura um pouco de diversão? Quer um investimento maior ou só os presentes serão suficientes para mantê-la em seu novo relacionamento?

É isso que você deve explicitar quando falar sobre os seus ideais. Fale sobre os seus desejos e sobre seus hábitos. Fuma? Gosta de cães? De gatos? A maneira mais fácil de um relacionamento funcionar é quando há afinidades. Por isso, é importantíssimo ser transparente.

Nos sites de relacionamentos, muitas mulheres "se esquecem" de falar sobre o que estão procurando. Elas escrevem o perfil inteiro enaltecendo as características próprias, ou seja, se vendendo, e acabam errando ao não mencionar em que tipo de homem estão interessadas. É como se estivessem escrevendo um perfil para uma rede social qualquer, e não para um site de relacionamentos.

Você pode até não querer falar com detalhes como gostaria que fosse seu futuro parceiro, mas precisa incluir, pelo menos, um parágrafo sobre suas preferências, para o candidato saber se está dentro do seu perfil ou não. Isso faz com que os dois lados ganhem tempo, agilidade e tenham foco.

Quando você está falando sobre o tipo de homem que deseja conhecer, não diga apenas que quer que seja alguém agradável e doce. Quase todas as mulheres do mundo querem isso.

Você poderia dizer, sem ser rude, de um modo objetivo o que quer e o que não quer. Por exemplo: "Os homens que fumam, por favor, não entrem em contato"; "Não quero conhecer homens comprometidos". Essas declarações mostram que você tem preferências, que sabe o que quer e acredita que merece e que vai encontrar seu homem. No entanto, não seja tão explícita nem demonstre nenhum tipo de preconceito, dizendo, por exemplo: "Eu não gosto de loiros altos e com ombros largos. Prefiro os morenos baixos". Jamais inclua no seu perfil as preferências físicas que você quer encontrar. Todas nós temos preferências físicas, mas você pode filtrar os rapazes que não estão correspondendo exatamente às suas exigências.

4. Clichês

Evite frases do tipo: "Você ama a vida e gosta de se divertir?" Essas não são as melhores informações para acrescentar no seu perfil. Clichês demais. Lembre-se de que esse é o caminho para você atrair a atenção de um par ideal, então seja diferente, saia da mesmice!

Enquanto você estiver digitando "vamos viver a vida ao máximo", alguém está dispensando o seu perfil e passando para o próximo. Portanto, não use frases de efeito. Nada de "não deixe para amanhã o que você pode fazer hoje", "ame como se não houvesse amanhã" e outras frases feitas. Isso vai fazer você parecer sem conteúdo e pouco atraente. Seja original e criativa em tudo que escrever.

5. Não chova no molhado!

Ele ficará aproximadamente 10 segundos lendo e vendo o seu perfil. Lembre-se: a oferta é grande! Existem mais mulheres do que homens à procura de um relacionamento. Sendo assim, seu perfil deve ser eficaz.

Quando ele passar para ler sobre você, alguma coisa deverá prender sua atenção para que continue lendo, fique curioso para saber mais a seu respeito e desperte sua vontade de enviar uma mensagem para você.

As perguntas que você deve se fazer são:

- O que eu tenho de diferente das outras mulheres?
- Por que ele me escolheria?
- O que há de atrativo no meu perfil e nas fotos?

Seja sexy sem ser vulgar. Você não deve ser abertamente sexual, de forma que chegue a ser vulgar, mas um pouco de sensualidade é fundamental. É muito mais interessante dizer que você gosta de champanhe com morangos, jantar à luz de velas, do que falar sobre posições sexuais. Sugerir preferências, sutilmente, vai despertar a curiosidade e instigar quem acessar a sua página. Isso vai deixar seus potenciais candidatos com vontade de saber mais. Por exemplo, você pode fazer parte de um grupo de apreciadoras de vinho ou de mulheres empreendedoras. Ou, ainda, você pode postar uma frase bem-humorada sobre algo que está em destaque no país, a fim de se mostrar antenada.

Contenha-se ao escrever sobre as suas intimidades: como você gosta de abraçar, de trocar carinhos, beijos etc. Não se deve colocar isso num perfil de site de relacionamentos. Evite se expor!

Não seja muito humilde. Há uma linha tênue entre confiança e arrogância. É importante andar sobre essa linha, sem ser humilde demais nem parecer soberba. Quais são os seus talentos? Uma habilidade especial que você tenha pode ser a diferença entre mais um caso e o parceiro ideal que vai ajudar você a conquistar seus objetivos.

Não se apresse. Beethoven não compôs a Sinfonia nº 5 em uma hora, e você provavelmente não irá executar um perfil perfeito com pressa. Tome nota sobre o que você quer divulgar, em seguida faça um primeiro esboço. Releia, altere-o e aperfeiçoe-o antes da publicação. Se você quiser alguém para investir tempo e açúcar em você, é necessário ao menos algum esforço para criar a sua página.

Depois dessa autoanálise, reforce seus pontos positivos e amenize os pontos que precisam de melhorias. Defeito todo mundo tem. O ideal é que as qualidades sejam maiores e mais importantes e apresentadas de forma bem natural.

Ele entrou em contato. E agora?

Se um futuro par iniciar uma conversa, que bom! Vamos evitar que perca o interesse. Você deve seguir algumas regras. Olhe só:

- Homens ricos só apoiam mulheres que despertem o interesse deles para o lado positivo. Eles querem companheiras que os façam se sentir bem. Não aprovam alguém que impõe condições e faça exigências antes mesmo de se conhecerem direito. Nada de ir muito a fundo na conversa via *chat*, até porque assim você também deixa no ar um certo mistério.

◆ Não exija demais nem imponha absurdos. Nada de falar em dinheiro no início do papo. Mostre-se interessada nele e procure saber mais sobre sua história.

◆ Leia o perfil do suposto candidato e mostre interesse sobre o que ele colocou lá. Mais do que tudo, é importante assegurar que você se encaixa no perfil da pessoa que ele procura (e isso tem que ser natural, não forçado).

◆ Não se candidate se você não vai ser alguém com quem ele possa se identificar ou se dar bem.

◆ Existem detalhes sutis e temas que você pode (e deve) usar desde a primeira mensagem para conseguir a atenção de seu futuro par, sem parecer desesperada ou interessada apenas em dinheiro.

◆ Faça perguntas. A chave para mantê-lo interessado é deixar que fale sobre si mesmo. Todos nós somos "experts" quando se trata de nós mesmos. Afinal, quem melhor do que você para falar de você? Pergunte a ele qual é seu tipo de música favorito, qual sua carreira ou mesmo se há algo que goste de fazer no tempo livre.

◆ Tente começar com um simples elogio como: "Nossa, eu adorei o seu sorriso! Ele transmite uma coisa muito boa. Você é realmente muito bonito".

◆ Se ele pratica alguma atividade, como golfe, faça uma breve pesquisa sobre locais para a prática perto de você e convide-o para ir – mesmo que você não saiba nada sobre o esporte, isso mostra, no mínimo, que é uma pessoa interessada (e você sempre pode pedir a ajuda dele e elevar o seu ego).

◆ Dê um tempo. Não encha seu pretendente com mensagens o tempo todo. Se estiverem se falando pelo *chat* ou pelo celular, lembre-se de sempre encerrar a conversa no auge, deixando que ele espere por mais e sinta saudade. Mas encerre de forma delicada. Quando você sentir que a conversa deu uma parada, diga que precisa sair, mas que vai chamá-lo no dia seguinte com toda a certeza. Se achar que é o momento, mande uma foto bonita para que ele possa tê-la na cabeça até a próxima conversa. Essa é a chave para mantê-lo interessado.

◆ Faça sugestões. Dê ideias de encontros. Veja os lugares para onde ele já foi: um restaurante, por exemplo. Pergunte se ele já experimentou algum prato de lá e sugira: "Você poderia me levar lá qualquer hora". Faça isso em tom de comando, porém de maneira delicada, pois será a chance perfeita para que ele a convide para sair, e, caso isso não aconteça, você saberá imediatamente que ele não está a fim.

- Nunca diga que não sabe o que quer. Homens ricos querem garotas que sabem o que querem. Tenha um foco em mente, e deixe-o ajudá-la a conseguir isso.

Ser feminina é fabuloso, demonstrar força é atraente, agir de forma agressiva é repugnante. Nunca deixe que a ambição controle suas ações ou você. Homens ricos procuram o amor feminino em suas pretendentes.

Quando estiverem juntos, você deve se lembrar de trazer todas as qualidades femininas à tona. Faça um esforço para que seja de forma delicada e sutil.

Como? A seguir listamos pequenas coisas que podem trazer a sensualidade feminina ao cenário e fazer com que o seu milionário se apaixone mais rapidamente por você.

- Use vestido ou saia com mais frequência. Esse *look* deixa a mulher elegante, feminina e charmosa.

- Use um perfume e um hidratante no corpo para que, ao tocá-la, ele sinta a suavidade da sua pele.

- Não abra mão de acessórios femininos, como brincos ou joias.

- Pratique a suavidade na conversa, sem tentar controlar a atenção, mas, sim, sendo agradável e dando o comando ao parceiro.

NO SITE: COMO SABER QUE CHEGOU A HORA DE MARCAR O ENCONTRO

Você viu as fotos, leu e releu várias vezes o perfil dele. Gostou? Aprovou? Está dentro do que você procura? Ele se encaixa nos seus pré-requisitos?

Seja bem sincera; em nenhum momento você pensou:

"Não gostei desse aspecto, mas depois, com o tempo, eu o mudo!" Esse é um GRANDE erro que a maioria das mulheres comete. Acham que vão mudar o companheiro, seus hábitos, seus costumes, vícios. Se pensar assim, o seu relacionamento correrá o sério risco de ser um fracasso.

Depois de analisar o perfil criteriosamente, vocês começaram a trocar mensagens. As palavras podem dizer muito, então tente ler nas entrelinhas, ou seja, não só o que ele está dizendo claramente, mas o que está insinuando ou falando de forma indireta.

As mensagens que seu pretendente trocou com você têm coerência com o perfil dele? Um homem bem-sucedido, rico, normalmente escreve bem, e sua aparência – roupas e acessórios – não é malcuidada. Por exemplo, se ele diz que está em Miami naquele momento, almoçando, entre no Google e veja se o horário da cidade condiz com a refeição! Vocês estão se conhecendo, não seja ingênua a ponto de acreditar em tudo que ele fala, deixe o tempo e as atitudes mostrarem a verdade.

Ah, claro, pesquise na internet sobre o nome dele e se possui contas nas redes sociais. Assim, você cruza dados de diferentes fontes e ainda descobre mais sobre seu futuro par.

Se a sua intuição mostrou que está tudo bem, sentiu vontade de conhecê-lo, de conferir ao vivo se tudo o que está no virtual é verdade, vamos em frente e ao encontro!

Antes de conhecer alguém, estude o perfil do futuro candidato pelas redes sociais disponíveis. Pesquise tudo, olhe suas fotos, os lugares, com quem ele se relaciona, quem é a família, analise as fotos da casa, carro, cachorro e tudo que for do interesse do seu futuro candidato. Nada deve passar despercebido. Por exemplo, se você não o achar no Facebook, fique atenta. A maioria das pessoas hoje tem conta no Face. Esconder um perfil ou mudar de nome é uma tática de homens que não querem compromisso, que são casados ou que, por segurança, não se expõem. Analise o real motivo. Se você está disposta a investir em um cara como esse, saiba das consequências.

Tenha olhos de águia. Crie o hábito de analisar, memorizar e relacionar os dados obtidos, para ver se ele fala a verdade ou não.

DICAS DE SEGURANÇA

Nosso objetivo não é causar pânico ou terror, e sim mostrar conhecimentos básicos de segurança que farão toda a diferença para que você se proteja e não corra riscos em qualquer site de encontros ou ao marcar com alguém em um local físico, por exemplo.

Esse encontro não precisa acontecer necessariamente porque vocês se conheceram na internet, afinal, você pode ter contato com futuros pretendentes de muitas formas, não é mesmo?

Ao se cuidar, além de manter a sua integridade física e psicológica, você está mostrando para ele que é uma mulher antenada, cuidadosa e prevenida. O homem rico é extremamente cauteloso e gostará de ver a sua candidata ser bem zelosa.

Você ainda está conhecendo o seu futuro candidato. Não tenha pressa de passar todas as informações sobre a sua vida: onde mora, o que faz, no que trabalha, de onde é sua família, que locais costuma frequentar. Na fase de descobrimento e conhecimento, dê respostas verdadeiras, porém genéricas e abertas, como, por exemplo, "moro no bairro tal". Não fale a rua nem o número do seu imóvel.

Existem dois tipos de pessoas no que se refere ao seu comportamento: aquelas que levam uma vida de forma regular, ou seja, uniforme e constante, procurando crescer a cada dia, e aquelas que vivem de ímpetos, ou seja, que agem por impulso. Estas últimas estarão, quase sempre, bem em um dia e mal no outro. Podem-se reconhecer essas pessoas pelos gestos impetuosos que fazem. Muitas delas tomam decisões que enganam os outros, tamanha é a impetuosidade que demonstram. Deve-se ter cuidado com esses comportamentos. Abra bem os olhos ao conhecer o seu parceiro.

Quando for ao encontro do seu pretendente, avise alguém de sua confiança. Passe para uma amiga o local, horário, uma foto e o celular do seu futuro par. Se alguma coisa lhe acontecer, sua amiga terá o ponto de partida para começar a procurar por você.

Muito cuidado com as bebidas alcoólicas. Em maior quantidade, fazem com que as pessoas falem muito. Use isso a seu favor e nunca contra você, ou seja, se alguém tiver que ficar bêbado, que seja ele!

Observe as atitudes do seu candidato. Se fuma, bebe, fala demais, é mudo, retraído, ansioso, nervoso, inteligente, canalha, cheiroso, bonito, feio... Aguce os sentidos para fazer uma avaliação completa.

Lembra que dissemos que o homem rico não gosta de exposição? Ver seus passos sendo colocados nas redes sociais pode afugentá-lo. Cuidado se for fazer *selfie*. Veja se ele concorda. Não se precipite. Afinal, por que quer mostrar para as pessoas que achou um homem maravilhoso? Que está em um restaurante caro, sofisticado e da moda? Para virar alvo de sequestro?

Existem, sim, pessoas que enganam as outras. Porém, excluindo aquelas que se tornaram enganadoras profissionais, o fato é que as pessoas não conseguem ficar pronunciando repetidamente aquilo em que não acreditam, aquilo que não vivem. Então, essa é a chave para conhecer alguém a fundo: analisando e conectando as ideias que expressa.

O PRIMEIRO ENCONTRO

Como vocês ainda não se conhecem, o ideal é que o primeiro encontro seja marcado em um café, em um lugar público. Nessas situações, se você não gostou do pretendente, pode ir embora rapidamente. E nunca mais precisa encontrá-lo! Se marcar um almoço ou jantar no primeiro encontro, você pode passar apuros.

A vantagem de marcar encontro em um lugar público é que normalmente há câmeras, além do movimento de pessoas em volta, o que pode inibir qualquer ação mais ousada de seu pretendente e faz com que vocês se concentrem na conversa e em se conhecerem mesmo.

Não dê o endereço de sua casa, por mais que ele queira mandar um "Uber black" buscá-la. Dê no máximo o endereço de uma esquina, uma quadra, mas jamais o seu exato. Lembre-se de que você não sabe quem ele é!

Nesse primeiro encontro, bem como em todos os demais, esteja sempre preparada com dinheiro, cartão de crédito e documentos. Se precisar levantar e pegar um táxi para ir embora, será menos complicado.

Recapitulando:

1) Analise as fotos e o perfil dele.

2) Troque mensagens e esteja atenta ao que é dito e se há coerência.

Primeiro encontro: como foi? Você tem interesse em marcar o segundo?

DEPOIS DO PRIMEIRO ENCONTRO, VALE A PENA CONTINUAR?

Esse momento de escolha é muito importante. Não se iluda. Ouça a sua intuição! Ela normalmente nos leva para o caminho correto. Muitas pessoas acham que isso é bobagem, mas não é. Podemos garantir que a intuição lhe mostrará o que os seus olhos não viram e o que os seus ouvidos não escutaram. Não a ignore!

Lembre-se de que não adianta ter pressa ou querer forçar uma situação. Sabemos que, às vezes, a pessoa tem tudo o que sonhamos em um par, mas quando a conhecemos, olho no olho, não temos o "tcham". Sim! Não escolhemos: "Vou gostar desse homem!", "Não vou gostar daquele". O cérebro pode ter certeza do que o seu dono quer ou não, porém o coração às vezes não ouve essa ordem e faz exatamente o contrário.

Se você conhecer o seu candidato e não sentir absolutamente NADA, se o que deseja não está naquele homem, não perca o seu tempo. Siga em frente até encontrar o que deseja.

Preste muita atenção em uma coisa: se seu pretendente tiver algum defeito que você não quer no seu futuro parceiro, não caia na tentação de achar que ele irá mudar ou que você vai ceder. Há algumas características que, se não gostamos, não gostamos e ponto!

Nada de fazer de conta! Se você odeia cigarro e ele fuma, não pense que você será a fadinha que o fará parar de fumar. Não perca tempo achando que você não vai se importar em beijar um homem com hálito de cinzeiro. Não cometa esse erro!

Gastar tempo e energia só fará você perder o seu foco, afastando-a de sua meta. É isso que você quer? De jeito nenhum, né? Não se iluda. Pronta para continuar a grande travessia? Então, força, fé e foco!

Deu tudo certo no primeiro encontro. Vocês sentiram uma boa energia fluindo, um pouco de química e têm realmente pontos em comum. Ele acaba de convidá-la para um segundo encontro e fica a dúvida: ai, meu Deus, e agora?

Antes de falarmos do segundo encontro, vamos tocar em um assunto polêmico: até onde você pode deixar que o primeiro encontro vá? Uma coisa é fato: a maioria dos homens não gosta do que vem fácil. Ainda mais homens bem-sucedidos, que sempre batalharam muito para ter o que têm. Portanto, você deve analisar e não agir por impulso ou tesão.

Não adianta falar que isso é antigo, que é um absurdo ou que não vale, porque, em um país machista como o nosso, mulher que vai para a cama no primeiro encontro pode ser mal interpretada. Nesse caso, vale a pena pensar no que quer com muita cautela.

Existe a tal lei dos três encontros para que o casal possa tentar uma intimidade maior. No segundo encontro você pode até deixar subentendido que é uma mulher moderna, com essência de tradicional, ou seja, que sabe quais são as etapas do relacionamento e que está completamente à vontade com o que está acontecendo. Não fale sobre isso, apenas deixe subentendido!

Se ele brincar dizendo "esse já é nosso segundo encontro", responda com um sorriso nos lábios: "Isso é sinal de que tudo deu certo no primeiro", e continue a conversa. Se ele começar a falar de intimidades, mude de assunto. Ele vai entender o recado e acompanhar as cartas do jogo. Confie no seu taco.

É claro que após o segundo encontro cria-se mais intimidade com a pessoa, mas veja se é suficiente para que vocês cheguem às vias de fato.

Existem mulheres que foram para a cama no primeiro encontro, sendo que algumas dessas nunca mais se encontraram com o parceiro, e outras engataram namoro firme. Não há regra geral. Faça aquilo que for melhor para você!

Muitos homens adoram mistério e a maioria das mulheres adora entrar no jogo da conquista e sedução. Assim, quando vocês realmente tiverem intimidade entre quatro paredes, vai parecer que valeu a pena mesmo!

Se vocês chegaram ao terceiro encontro com diversos interesses em comum e a química foi boa para ambos, quer dizer que daí pode nascer um relacionamento.

Agora, se a química não foi boa, dê a si mesma uma segunda chance antes de descartar tudo de uma vez. Em uma nova tentativa, se não houver a história da pele, pode começar a se preocupar. Nenhum relacionamento vive só de amor e cumplicidade. É preciso tesão e sexo, sim!

A VERDADE SOBRE O SEXO

Infelizmente ou não, se um homem não tenta tocá-la em nenhum momento da relação, é porque ele não está a fim de ficar com você. Para algumas mulheres existe a história de dar um tempo, de viver um luto depois de terminar, mas, querida, para o homem isso nunca existiu. Muitos deles veem uma mulher na rua e já imaginam como seria o sexo com ela. Acha que com você, durante um encontro romântico, seria diferente? Ah, outra verdade na lata: no universo masculino não existe amizade entre homem e mulher. Normalmente, um dos dois acaba se envolvendo.

Ah, outra coisa: se você está em um relacionamento em que havia sexo antes, e agora, do nada, não há mais, algo está errado. Por mais que a rotina se instale, um homem está sempre disposto a amar sua mulher. A falta de apetite sexual pode ser a ponta de um grande *iceberg*. Vale a pena sentar para conversar a fim de descobrir o que está acontecendo de verdade.

Então, vem a pergunta: será que homens têm medo da intimidade? Se um homem está realmente a fim de você, nada será obstáculo para que ele esteja cada vez mais envolvido e próximo. Mas ele pode não ter gostado de algo e tem o direito de não terminar na cama com você. Aliás, essa é uma via de mão dupla. Nem por isso ele é homossexual; simplesmente não sentiu atração por você. Também não se sinta desvalorizada por isso. Existem sinais que emitimos e que não são visíveis aos olhos, como, por exemplo, o cheiro.

Se você resolveu fazer sexo no primeiro encontro e se arrependeu, não compartilhe a culpa e não diga que "aconteceu", porque você vai estar desmerecendo o fato, afinal, vocês chegaram juntos a esse fim.

E mais: se ele dormir com outra pessoa sem o seu conhecimento ou encorajamento, ele estará se comportando como um homem que não quer nada com você, ou como alguém que não a merece. Isso se vocês já estiverem se relacionando há algum tempo, praticamente namorando. Respeito é bom e a gente gosta, certo?

DEPOIS DA INTIMIDADE

Não é porque vocês fizeram sexo e foi bom que ele já é sua alma gêmea. Nada de se desarmar ou perder o foco. Sentir-se à vontade demais com seu futuro par pode ser uma armadilha. Ele está gostando da mulher dos sonhos que vê: a bem arrumada, a cheirosa, a bem-cuidada. Nada de se acomodar e começar a fazer besteira!

- Roupas de ficar em casa

O roupão e o pijama se destinam apenas a você. Nada de se levantar e ficar andando pela casa de pijama. Nem se ele for de seda bordado com fios de ouro. Se for ficar em casa, use um moletom sem bolinhas e sem manchas, que esteja em ordem. Acostume-se a estar sempre arrumada, a qualquer momento e em qualquer ocasião.

- Usar o banheiro na presença do parceiro

Além de desnecessário, esse costume pode ser muito irritante. Não é porque vocês se amam que precisam conviver com as necessidades fisiológicas um do outro.

- Deixar roupas íntimas jogadas pelo banheiro

Muitas mulheres têm o costume de expor peças íntimas no banheiro. Nunca faça isso. Aliás, você nunca deve deixar uma peça sua largada em cômodo nenhum. É no mínimo broxante, pra não dizer anti-higiênico.

- Depilar-se na frente do parceiro

É claro que ele sabe que você se depila, mas todas nós sabemos que o processo de depilação pode fazer uma boa bagunça. Sem contar que, se você não quiser protagonizar uma cena sensual, nada de se expor dessa maneira para o homem. Lembre-se: você não poderá andar desarrumada nunca mais – seu parceiro quer manter a chama e a ideia de que você é uma mulher SEMPRE linda.

DECISÃO A DOIS

Na verdade, compartilhar ou não momentos de grande intimidade deve ser uma decisão do casal. Há relacionamentos que sobrevivem muito bem mesmo que os parceiros compartilhem momentos muito íntimos. As recomendações são, em geral, para que o casal mantenha sua individualidade e não confunda a vida pessoal com a vida a dois. Além disso, um pouco de privacidade garante aquele mistério de começo de relacionamento, que faz bem para a saúde da relação.

CAPÍTULO 7

Passo 4
Onde encontrar homens ricos?

"Todos os seus sonhos podem se tornar realidade se você tiver coragem para persegui-los." Walt Disney, cineasta

É óbvio que, para pôr em prática nossas dicas de como conquistar um homem rico, você precisa primeiro encontrar um. Então, se realmente quer fazer isso, é apenas lógico que você comece a ir a lugares frequentados por homens ricos. Faça uma lista de bares e restaurantes EXCLUSIVOS, onde há maior possibilidade de encontrar seu possível par.

Aliás, faremos aqui uma ressalva: no capítulo anterior já mostramos que um dos locais mais seguros e fáceis de se encontrar com milionários são sites de relacionamento CONFIÁVEIS, mas, claro, existem ainda outras possibilidades que podem fazer sua sorte vir à tona.

No entanto, antes de listar esses locais, precisamos definir em que grupo você está. Isso mesmo, pedimos licença para classificar você, com base em sua idade. Até porque isso vai fazer diferença em relação ao local em que você vai buscar seu homem. Temos os seguintes perfis:

- De 20 a 21 anos: mulheres que estão na flor da idade. São provavelmente universitárias. Ser uma garota ainda na faculdade tem suas vantagens, pois há muitos homens mais velhos e ricos à procura de uma inteligente e ambiciosa estudante para fazê-los se sentir jovens novamente. Essa é a idade em que você precisa definir suas metas e objetivos, além de começar a ficar atenta aos seus gastos e poupança.

- De 22 a 24 anos: essa é a faixa etária mais procurada pelos chamados homens estáveis. Muitas mulheres nessa idade estão no meio da vida acadêmica, já estão se formando ou entrando no mercado de trabalho. Essas garotas têm potencial para se tornarem princesas mimadas e desejadas pelos homens, por isso é a hora de mostrar toda a classe e as virtudes. Quanto mais criativa e ousada, mais pares interessantes você vai atrair.

- De 25 a 29 anos: se você não se casou nem tem filhos, vale a pena tentar encontrar um par rico. Aos 25 anos, é provável que você já não dependa mais financeiramente da sua família, mas ainda quer alguém para cuidar de você.

- De 30 a 39 anos: muitos homens procuram mulheres nessa idade porque buscam uma conexão mais madura, mulheres mais experientes, para terem um relacionamento duradouro. Não se surpreenda se você ouvir de um milionário a seguinte frase: "As jovens, ah, elas querem drama, elas adoram. Uma mulher de 30 anos não tem tempo para isso". Nessa fase você está mais tranquila, sem aquela ansiedade de antes, e isso é tudo que um homem de verdade quer.

- Com mais de 40 anos: se você está procurando um homem rico nessa idade, você é uma mulher esperta. Muitos milionários buscam objetivamente uma esposa, e, com a sua experiência de vida, é muito provável que ele escolha você. Se você é quente, confiante e sabe exibir seus dons, não faltarão homens para mimá-la.

Agora que definimos qual é seu tipo, vamos atrás deles! Uma coisa é certa: você precisa de um sonho para atingir o ápice de sua vida. Você precisa estar estimulada o tempo todo pelo que quer realizar. Só assim terá foco para atingir o sucesso.

Um relacionamento dos sonhos parece quase bom demais para ser verdade. Pensando dessa forma e acreditando na união do dinheiro com o amor, você passa a ver seu futuro par como um cavalheiro notável, um aventureiro rico e alguém ideal para realizar todos os seus mais ambiciosos desejos.

Quando você encontra o homem de que precisa para chegar longe, é um momento mágico. Para não perder tempo com os sapos da vida, e já focar os príncipes, siga mais dicas ao lidar com as redes sociais e aplicativos:

- Atualização de status: ambos podem ser solteiros, casados, separados, divorciados ou, talvez, essa questão seja mais complicada que isso. É importante que você e ele saibam do status um do outro desde o início. Honestidade é muito importante em qualquer relacionamento. Mentir sobre isso é um enorme erro. Isso pode destruir a confiança logo de cara.
- Ouça sua intuição: é o instinto humano que manteve e mantém nossa espécie viva há milhares de anos. Haverá sempre uma possibilidade de você encontrar alguém que tenha más intenções. Uma mulher segura e confiante saberá se proteger de homens que acham que podem comprar tudo com o dinheiro, os que não são confiáveis ou antiéticos. É importante confiar em seus instintos. Se ele parecer certinho demais, com vantagens demais, e você sentir que há algo errado, pode ser que haja. Não se envolva com homens que a deixam desconfiada e não hesite em sair de uma situação em que você não está confortável e não tem os benefícios que merece.
- Desejos do homem rico x suas necessidades: alguns milionários querem apenas realizar seus desejos com as chamadas mulheres seguras (você, no caso). Outros querem amizade e companhia e outros esperam um namoro sério. Há também os que querem várias dessas possibilidades juntas. É importante que você saiba exatamente o que o outro espera e que todos os limites da relação sejam previamente acordados. Especialmente quando o relacionamento avança, um de vocês pode perceber que não era

bem o que esperava. Se a honestidade não prevalecer, a frustração pode ser ainda maior. Sendo assim, tudo deve ficar muito claro.

Começamos mostrando como fazer o Vision Board. Depois, demonstramos os passos para uma transformação de dentro pra fora e, inclusive, em seu visual. Já lhe contamos os tipos de homens que pode encontrar em seu caminho e, agora, vamos lhe ensinar verdadeiramente a encontrar milionários.

Para estar com os chamados homens bem-sucedidos você precisa frequentar locais requintados. Deve evitar o clichê de frequentar clubes. Procure lanchar em cafés e restaurantes próximos a distritos de negócios grandiosos. Experimente bares em áreas ricas durante a noite, mas lembre-se de ter postura e discrição.

Quando estiver em um lugar assim, você deverá tirar vantagem do seu tempo ali. Misture-se às pessoas e comece a conversar com aquelas que chamam sua atenção. Fale sobre coisas gerais. É claro, isso quer dizer que você deve saber os interesses e paixões de pessoas que têm um estilo de vida esbanjador.

- Vá a casas de leilão

Pessoas ricas normalmente cultivam *hobbies* caros, e coletar coisas raras é um deles. Homens ricos normalmente colecionam carros clássicos, brinquedos tradicionais, revistas em quadrinhos ou placas antigas. Desenvolva seu interesse e seu conhecimento nesses assuntos e visite casas de leilão quando tais itens estiverem à venda.

- Participe de eventos de caridade

Eventos de caridade normalmente são frequentados pelos ricos. Não vá despreparada. Aprenda sobre o assunto tratado pelo evento e o trabalho executado pela organização. Quando for, esteja preparada para conversar com desconhecidos. O simples ato de fazer amizades nos lugares certos pode ajudá-la a conhecer alguém com quem valha a pena se relacionar. Você não precisa fazer uma doação à instituição, mas pode ser uma boa ideia. Participar de tais eventos é caro, e essas organizações confiam nas doações para funcionarem.

- Trabalhe nos lugares certos

Você sabia que 22% dos casais se formaram no trabalho? Consiga um emprego em uma grande empresa de tecnologia ou em outra companhia lucrativa e estável. A partir daí, veja quem se enquadra no seu perfil.

Muito cuidado para não misturar o lado pessoal com o profissional. O seu objetivo é manter o emprego e ter um parceiro, e não perder o emprego, arrumar confusão e ser malvista.

◆ Faça amizade com gente rica

Você pode usar essas táticas para ter amigos milionários. Eventualmente, poderá conhecer um futuro par. Se vocês se tornarem bons amigos, é possível pedir que eles apresentem alguém especial para você! Trata-se de uma boa estratégia, assim você não será vista como apenas mais uma aproveitadora. Novamente entra aqui a tal lei da atração: pessoas ricas normalmente andam com outras pessoas ricas. Se você conheceu um possível pretendente que não deu certo, a dica é: não o descarte como amigo. Ele poderá servir de cupido em outras situações. Só não crie cenários em que a amizade pareça ser forçada, faça tudo de maneira bem natural.

AO ENCONTRÁ-LO, ESTEJA ATENTA

Encontros nem sempre são fáceis. Dá aquele friozinho na barriga, não sabemos muito bem o que esperar e várias vezes ficamos na dúvida entre conhecer alguém ou ficar em casa assistindo a séries. Se seu medo é de que algo dê errado, o melhor é conhecer os sinais de perigo logo de cara.

A verdade é que, nos primeiros encontros, as pessoas tentam mostrar apenas as suas qualidades, e, depois de algumas saídas, percebemos que a pessoa não é bem o que parecia (afinal, é impossível conhecer alguém tão rapidamente).

E outra: pode ser que você conheça seu pretendente em um dos lugares que citamos e vocês já emendem logo de começo uma boa conversa, então esteja alerta ao comportamento de seu par:

- Falar de ex-namoradas: uma coisa é comentar vagamente sobre a vida amorosa e o passado, outra é transformar o encontro em uma verdadeira sessão de terapia. Não sejamos hipócritas, todos nós temos ex-namorados, mas ficar ouvindo como o relacionamento de alguém foi bom ou horrível só indica que há algo não terminado nessa história, o que não é interessante para ninguém.

- Usar muito o celular: as pessoas hoje em dia não percebem mais quão indelicado é ignorar o outro à sua frente, só para dar uma olhadinha no Facebook ou no Instagram. Ficar colado nas redes sociais ou preferir dar atenção às mensagens de WhatsApp é um hábito que dificilmente vai mudar, porém existe uma coisa chamada educação.

Ele pode até ter uma vida virtual, que não precisa ser alimentada com você, no meio do encontro. A única exceção seria pegar o celular para lhe mostrar a foto do cachorro ou algo do tipo, combinado?

- Comentar sobre a comida: muitos encontros envolvem comida (mesmo quando não acontecem em um restaurante). Lembre-se: se alguém aqui tem o direito de falar sobre a sua dieta ou jeito de comer é a sua mãe, e só ela! Comentários como "nossa, você come rápido" ou "ainda aguenta a sobremesa?" são sinal de gente controladora.

- Ser grosseiro: não adianta nada seu parceiro ser um cavalheiro com você, mas tratar mal os garçons, o manobrista, um pedinte na rua... Fique atenta à maneira como seu pretendente trata as pessoas ao seu redor.

- Beber demais: não há problema em tomar algumas taças de vinho durante o jantar, mas que seja para apreciar e acompanhar o momento. Se a ideia é virar copo atrás de copo, misturar fermentados e destilados, pedir tequila ou outras opções mais fortes, um encontro não é a melhor hora. Pode ser que a pessoa não amadureceu o suficiente ou está com algum problema sério. Analise!

- Não fazer contato visual: dizem que os olhos são a janela da alma. Se ele não olha para os seus, há algo de errado – pode estar disfarçando mentiras, pode ser inseguro, pode ter medo de se abrir, estar mentindo... Pode tantas coisas que o melhor é fugir mesmo.

- Não se arrumar para o encontro: ninguém está pedindo um traje de gala, mas nada pior do que passar horas se arrumando e pensando num *look* para ver seu parceiro e vê-lo chegar vestido de qualquer jeito ao encontro. A ideia não é impressionar?

COMO NÃO DEMONSTRAR NERVOSISMO

Algumas táticas utilizadas por esportistas podem servir para o seu primeiro encontro. Por exemplo, não quer passar ansiedade para o outro ou demonstrar que está nervosa? Não fique pensando que está lá para conhecer o homem da sua vida, mentalize que está conhecendo alguém bacana em um encontro e pronto. Esportistas tiram o foco da medalha de ouro para conquistá-la, sabia? Quando você tira a pressão que existe sobre um fato, ele acaba acontecendo naturalmente. Outra dica: atribua menos valor ao resultado, ou seja, não espere demais. Não vá a um encontro com uma expectativa muito acima do usual, porque quanto mais longe você estiver desse objetivo, mais vai se frustrar. Se você não esperar muito e for legal, valeu a pena.

E, claro, se ele não é o que você esperava ou a conversa não fluiu, leve o encontro até o fim, de maneira simpática e delicada. E dê tempo ao tempo. Muitas vezes seu pretendente também está nervoso e não conseguiu passar para você a melhor impressão. Pense pelo outro lado: por que você deveria ficar nervosa com a ideia de iniciar uma conversa com alguém que mal conhece? Até agora sabe algumas coisas e ele se coloca à sua frente com um sorriso, um olhar e atitudes que podem ou não atrair você, então vá com calma!

Muitas de nós se preocupam com o fato de que há muita concorrência lá fora. Se você começar a pensar assim, nunca vai agir como uma mulher segura. Isso é uma armadilha. Ninguém está competindo com você. Lembre-se: você só está buscando um pretendente, e não um copo de água no deserto.

Ah, já que estamos falando dele, vamos continuar e detalhar mais o que seria o primeiro encontro no próximo capítulo. Então, prepare-se!

CAPÍTULO 8

Como agir para investir no relacionamento

"O sucesso normalmente vem para quem está ocupado demais para procurar por ele."
Henry David Thoreau, filósofo

Por que resolvemos começar logo com essa frase do filósofo Henry David Thoreau? Para lhe dizer que a regra número 1 ao sair com um milionário pela primeira vez é manter a naturalidade.

Essa máxima é uma verdade porque, por mais perfeita que você queira parecer na primeira noite, não vai conseguir manter a máscara por muito tempo. Ah, e também há outra verdade em questão: NINGUÉM É PERFEITO.

Agir com naturalidade não significa ser deselegante, ofensiva, esnobe ou desleixada. Estamos apenas sugerindo que seja tranquila e demonstre que tem bom coração. Essa essência é um dos atrativos mais funcionais aos homens ricos: eles amam mulheres seguras, delicadas e transparentes.

COMO SABER SE ELE ESTÁ A FIM DE VOCÊ

Se ele liga chamando-a para sair no último minuto, você deve recusar educadamente. Ele não deve achar que você fica plantada ao lado do telefone esperando sua chamada. Se ele espera mais do que alguns dias para ligar depois do primeiro encontro, considere que ele não gostou e está jogando. Outros bons indicadores para saber se seu pretendente está ou não a fim são sua atenção e sua memória em relação ao que você conta a ele. Ou seja, se ele parece atento ao que você fala e faz perguntas pertinentes com relação à sua vida, família e trabalho, ok – ele está mergulhado na relação.

Se seu pretendente não faz perguntas ou não se interessa pelo que você fala, esqueça. Nada de se amarrar a detalhes: lembre-se de que normalmente os homens não são de guardar muitas informações. Por exemplo, não espere que ele se lembre de detalhes da conversa que tiveram duas semanas antes, quando você disse que o seu prato favorito é de um restaurante vietnamita no seu bairro. Raramente alguém memoriza tudo o que é dito, e, se ele também não se lembrar do seu *look* do primeiro encontro, não se chateie.

Lição 1: Mostre que você não quer se relacionar com ele somente por dinheiro

Seu futuro par precisa compreender que você não está nessa apenas pelo dinheiro. Ele precisa enxergar que você realmente quer sua companhia. Além disso, você precisa gostar dele! Relacionamentos só funcionam e são duradouros quando você está verdadeiramente ligada a outra pessoa. Não converse sobre dinheiro (especialmente na fase inicial do encontro de vocês) e tente ser bastante discreta.

Lição 2: Crie um ambiente de confiança

Visto que é tão frequente ver outras pessoas se aproveitando de gente rica, é compreensível que milionários tenham problemas para confiar nos outros. Você precisa criar um ambiente de confiança. Você se destacará das outras pessoas e mostrará ao milionário que você é mulher para casar. Seja alguém em quem o ricaço possa confiar. Jamais o julgue. Exiba seus segredos e inseguranças a ele, mas sempre dosando a medida. Nada de despejar problemas de uma vez só, porque isso vai afugentar seu futuro par.

Lição 3: Seja um grande partido

Não seja o tipo de paquera que espera as coisas acontecerem. Seja ativa em seu relacionamento! Você deve levá-lo a lugares, mesmo àqueles que não parecem tão legais. Seja flexível e saiba lidar com a situação quando as coisas não saírem de acordo com o plano. Faça perguntas sobre coisas que interessam ao milionário. Agrade-o de coração e faça-o perceber que isso lhe dá prazer. Homens ricos adoram se sentir únicos e desejados.

Lição 4: Traga diversão à vida dele

Todos querem estar perto de alguém que melhora sua vida. Quando se é rico, não é preciso se preocupar em encontrar um par que tenha os mesmos alicerces financeiros. Em vez disso, a preocupação é encontrar uma pessoa que possa tornar sua vida interessante e divertida. Se quiser que o milionário deseje estar com você, seja essa pessoa. Faça com que seu par saia da zona de conforto. Ajude-o a fazer coisas incríveis e divertidas que ele jamais faria sem você. Sempre seja positiva e evite reclamar. Ele jamais deixará de ser feliz com você!

Lição 5: Mostre que gosta dele

Seja uma mestra na arte do amor. Não só na parte sexual (que também é ótima): seja boa em realmente amá-lo e em ajudá-lo a se apaixonar por você. Jamais seja egoísta em seu relacionamento. Aja para fazê-lo feliz. Surpreenda-o com atos de amor de vez em quando. Seja cafona, e tudo bem: como já dissemos, homens ricos adoram se sentir importantes.

Lição 6: Faça com que ele sempre volte por mais

Não passe todo o seu tempo com o milionário logo de cara. Deixe que ele sinta saudade. Mas atenção aos jogos. Homens bem-sucedidos não gostam de brincadeiras. Faça tudo com naturalidade.

PODER, PODE, MAS NÃO DEVE!

Não é difícil ser educada, basta respeitar a si mesma e aos outros. Mas há várias nuances que só um pequeno número de pessoas parece saber. Ao encontrar seu homem, é preciso saber se portar. Existem algumas regras que podem tornar a sua vida e a dos outros mais agradável.

Uma gafe pode pôr tudo a perder em sua busca pelo par e em seu relacionamento. Esteja atenta para não ser a gata borralheira em um jantar ou evento.

Você não nasceu sabendo tudo, mas com certeza tem toda a inteligência, capacidade e determinação para aprender. A seguir, então, selecionamos dicas de ouro.

1. Visita surpresa

Jamais apareça no trabalho, na casa ou onde ele estiver sem avisá-lo antes, a menos que vocês já estejam juntos há dez anos! Caso contrário, essa poderá ser a última vez que você irá vê-lo.

2. Horário para ligações

Cuidado ao querer dar um bom-dia animado ligando às 6 da manhã. O efeito pode ser diferente do que você esperava e deixá-lo bem irritado. Lembre-se de que você não sabe a que horas ele se deitou ou como foi a noite dele. Portanto, só telefone depois das 9 e nunca depois das 22 horas. É melhor ter cautela.

3. Onde colocar a bolsa

Em um restaurante ou café, não se deve colocar a bolsa sobre os seus joelhos. É possível colocar uma bolsa pequena e elegante sobre a mesa. Se for uma bolsa volumosa, é melhor pendurá-la na parte de trás da cadeira, se não houver uma cadeira especial (que muitas vezes são oferecidas nos restaurantes).

4. Espirros

Sabemos que espirrar faz parte do ser humano, porém o restaurante inteiro não precisa ouvir! Seja discreta ao espirrar.

Com o aumento de doenças contagiosas, a etiqueta mudou. Portanto, não espirre na palma da mão. Use um lenço, puxe o decote da blusa e espirre dentro da blusa, ou coloque a boca no ombro. A saúde das pessoas que estão ao seu lado agradece!

5. Álcool

Quem não sabe beber, bebe leite. Isso mesmo! Não existe situação mais terrível, constrangedora e medonha do que uma mulher bêbada.

6. Joias e acessórios

É permitida uma pulseira sobre as luvas, mas não um anel. Quanto mais perto da noite estiver, mais caras devem ser as joias. Antes, os diamantes eram considerados um ornamento noturno somente para mulheres casadas, mas hoje também é possível usá-los durante o dia. Fique muito atenta ao local a que vocês vão. Um ladrão identifica uma joia e um bom relógio a metros de distância.

7. Onde sentar no carro

Em um carro, se o seu par tem motorista, a mulher deve sentar-se atrás do motorista. O homem senta-se ao lado dela. No entanto, independentemente de onde estiver sentado, o homem sempre deve ajudá-la a descer ao sair do carro. O cavalheiro deve segurar a porta e lhe dar a mão.

8. Você está de dieta

Dizer que está de dieta é falta de educação. Ninguém precisa saber, muito menos o motivo (que você está gorda, cheinha, fora do peso, prescrição médica etc.). É claro que você deve escolher os pratos que pode comer. É falta de educação e desprezo dar duas garfadas e cruzar os talheres naquela maravilhosa massa! Logicamente, o *maître* irá lhe perguntar se não aprovou o prato. Isso soa indelicado.

9. Não fale sobre assuntos polêmicos

Alguns tópicos viram tabu na hora das discussões: política, religião, saúde, dinheiro. Tome cuidado. Uma questão inadequada, por exemplo: “Mas que vestido! Quanto você pagou por ele?" Como reagir? Sorria agradavelmente e responda: "Foi um presente". Mude de assunto. Se o interlocutor insistir, diga: "Não queria falar disso".

10. Fofocar

Falar daqueles que não estão presentes, ou seja, fofocar, é inadmissível. Você não deve falar mal de sua família, por exemplo. Da mesma forma, não fale com desprezo sobre o seu país de nascimento. "Este país está cheio de miseráveis", ou "Só aqui acontece esse tipo de coisa". Se acontece, a culpa também é sua. Nesse caso, você é um deles.

11. No cinema, teatro ou sala de concertos

Devemos buscar o nosso assento olhando para o público, e não para o palco. Nessas situações, o homem vai sempre na frente. É ele que dirige as situações em público para que se sinta o comandante da situação toda. Isso faz com que os homens se sintam seguros no relacionamento. Para nós pode parecer besteira, mas para eles não é.

Por favor, esses lugares não são para bater papo. Não faça comentários, por menores que sejam, sobre o que está assistindo com a pessoa ao lado; você não está na sua sala e sim em um lugar público, em que as pessoas educadas sabem se comportar. Assim que começar o espetáculo, feche a boca e só fale no final.

Nem pense em usar o celular, falar ou mandar mensagens. Coloque-o no modo silencioso e não mexa nele até as luzes das salas se acenderem.

12. Segredo

Nove coisas que você precisa manter em segredo: sua idade, poder de compra, brigas familiares, religião, problemas de saúde, relacionamentos, presentes, honras e desgraças. Nada de falar de problemas com os pais, discutir religião, filosofar sobre sua idade (se você se acha nova demais ou não), entre outras coisas. Procure fugir desses temas, pelo menos no início da relação. Tenha em mente que o começo de um relacionamento deve trazer conversas agradáveis, e não polêmicas. Qualquer comentário ou informação pode fazer com que seu futuro par perca o interesse por você.

O QUE VESTIR NO PRIMEIRO ENCONTRO?

O que vestir pode ser um grande desafio logo de início. Algumas mulheres se enganam porque acham que nunca estarão de acordo para encontrar um suposto par milionário. A pergunta que não quer calar é: "Como conseguir um homem rico se eu não tenho roupas bonitas?" Mesmo que você não tenha um *closet* recheado de roupas novas ou de grife, ainda assim é possível viver um relacionamento e investir em seu sonho.

Pare imediatamente de pensar que não estará à altura e concentre-se em ser criativa, mantendo sempre o bom senso. Esses pensamentos são obstáculos que a impedem de entrar para o universo dos milionários e pensar assim só vai afastá-la do sucesso. Confira nossos truques e vá em frente!

◆ Vá de coração aberto: você deve ir sem máscaras. Não precisa estar maquiada a ponto de não ser reconhecida e muito menos criar uma *persona* para entrar para o estilo de vida rica. Regra número 1, como já dissemos anteriormente: seja você mesma e mantenha a naturalidade.

◆ Espelho já! Olhe para o seu tipo de corpo e escolha uma área de que você tem orgulho. Vá para o armário e identifique peças que acentuem essa área. Pense em *looks* que a deixam mais atraente ao sexo oposto quando anda pela cidade. Mas nada de exagero, hein?

◆ Homens não se importam (tanto) com roupas: em sua maioria, a mente masculina é simples. Quando um homem repara na roupa que você está vestindo, ele provavelmente está imaginando o que há por baixo. O milionário não vai se importar com a marca que você está usando. Logo, não há nada de errado em uma roupa comum que valorize suficientemente seu corpo.

◆ Compre de maneira correta. Atualmente, existem muitas boas opções para fazer compras, mesmo com pouco dinheiro. Compre duas peças-chave, bonitas e elegantes, e você poderá alterná-las. Lembre-se: nunca gaste mais do que seu bolso permite.

O CLIMA DA PRIMEIRA VEZ

Os primeiros encontros costumam envolver nervosismo, mãos suadas, frio na barriga e apreensão. Nenhum tipo de relacionamento está imune. Ficamos com receio de não saber o que dizer, de cometer uma gafe ou falar besteira, é normal. Um deslize ou outro é natural, mas existem quatro atitudes que NÃO podem acontecer de jeito nenhum no primeiro encontro.

- Cantadas baratas. Mesmo que você tenha gostado da aparência de seu milionário, em hipótese alguma faça cantadas. Lembra-se de que falamos que o homem deve ser o líder e tomar as iniciativas? Além disso, é deselegante uma mulher cantar seu par. Esforce-se em mostrar que está gostando dele e da situação. Se o primeiro encontro começar da maneira errada, o resto da noite não será promissor.

- Arrogância. Ser arrogante no primeiro encontro é o passaporte perfeito para que não haja um segundo. Seja nos modos ou no que você disser, nunca demonstre superioridade. Agir como se fosse melhor que a pessoa que está com você, em questões financeiras ou intelectuais, só irá espantar seu candidato. Portanto, seja humilde e agradável. Delicadeza é fundamental.

- Ser inconveniente. Outro comportamento inadequado, não só para a primeira vez em que se encontra alguém, mas também para qualquer momento. Falar alto, tocar em assuntos proibidos e/ou polêmicos e ser desagradável vai fazer com que o encontro seja um desastre, além de desfazer qualquer boa impressão que você tenha passado no início.

- Usar o celular. Já dissemos anteriormente que isso é um CRIME no primeiro encontro. Além de ser uma atitude muito mal-educada, ficar ao telefone demonstra falta de interesse na pessoa que está com você. É desrespeitoso ficar navegando em redes sociais enquanto o seu parceiro está ali, disponível e interessado em saber mais sobre você. Concentre-se no momento e deixe o celular no silencioso.

DICA: NOSSO SEGREDO DE BELEZA GRATUITO

Não importa se você se acha gorda ou magra, se está de bem com seu corpo ou não, se diz que seu cabelo precisa de tratamento. O que importa é sorrir. Nada vence a combinação sorriso e olhar. Um homem se mostra encantado quando vê uma mulher fazendo isso. Essa atitude é melhor que qualquer plástica do mundo.

Um estudo realizado na Universidade de Wisconsin revelou o poder do sorriso. Ao examinar relações, notou-se que um sorriso estimulou 70% dos entrevistados a interagir com a mulher. Ou seja, esse é o sinal mais lido como bandeira branca na hora da paquera, além da troca de olhares, é claro.

DEPOIS DO ENCONTRO: PRAZER, O RELACIONAMENTO!

Um relacionamento não se constrói da noite para o dia. A base de um relacionamento é a CONFIANÇA, entre outros elementos. Ela é conquistada, não nasce pronta. Para que a confiança seja sólida, é preciso haver muitas ações positivas, fatos, discursos coerentes com atitudes positivas e atrativas.

"Se você quer conhecer uma pessoa, coma um saco de sal com ela." Esse dito popular quer dizer que se gasta muito tempo para conhecer uma pessoa.

"Uma pessoa saudável, segundo recomendações, deve consumir de 4 a 6 gramas diários de sal – só para arredondar a conta, vamos ficar em 5 gramas. Um quilo tem 1.000 gramas – uma saca de 60 quilos de sal contém 60.000 gramas do produto; é muito sal. A nossa metade equivaleria, então, a 30.000 gramas, que, consumidas a uma porção de 5 gramas por dia, seriam 6.000 dias comendo sal junto com uma pessoa para conhecê-la de fato. Um ano é igual a 365 dias; isso quer dizer que 6.000 dias são exatamente 16,438 anos. Ou seja, 16 anos de convivência!" (Autoria desconhecida)

Comer um saco de sal com uma pessoa é conviver com ela durante um tempo em que você possa ver as coisas boas e ruins que ela tem. Principalmente as ruins. E todos nós as temos. Mesmo as pessoas mais equilibradas têm seus dias maus. Têm seus defeitos. E eles aparecem, mais cedo ou mais tarde. É um tremendo erro acreditar que já se conhece uma pessoa quando se faz uma imagem totalmente positiva dela. Você começa a conhecer melhor uma pessoa quando ela mostra as suas principais dificuldades. E isso é um sinal de maturidade. Qualquer pessoa madura não fará questão de esconder seus defeitos – até porque irá querer alguém que a aceite exatamente como ela é.

Enfim, devemos comer, sim, um saco de sal com uma pessoa que desejamos conhecer. Algumas pessoas se deixarão conhecer com poucas pitadas. Outras exigirão quase um saco de sal inteiro para se deixarem conhecer mais profundamente. O importante para nós é saber até que ponto é interessante insistir na tentativa de conhecer a pessoa em questão. Vale a pena pensar sobre isso. Às vezes, um saco de sal pode ser bem mais salgado do que se pode pensar. Ou não.

Nunca vá com muita sede ao pote, preserve-se e ande sempre no seu ritmo, mas não perca o horário do trem – a virtude está no meio!

Reflita: você prefere namorar alguém que a respeita e faz você se sentir bem ou alguém que está mais preocupado com a própria imagem e quer parecer sempre melhor que você? Quer ter paz de espírito ou joguinhos e indiretas? É fácil responder a essas questões, mas nem sempre se consegue alguém maduro e que ofereça isso, e acabamos nos relacionando com pessoas que oferecem o contrário. O relacionamento não pode ser uma disputa. Vocês estão ali para somar um ao outro, certo?

Mas espere aí. Será mesmo que é tão difícil encontrar pessoas que também pensam assim? É o básico: faça aquilo que espera receber. Deveria ser simples, não? Mas é complexo para aqueles que ainda não amadureceram.

NÃO FALE SOBRE SEU PASSADO SEXUAL

Os homens querem acreditar que sua companheira não tinha vida sexual antes deles (não importa o que digam). Minimize tudo o que ele pode perguntar sobre o seu passado sexual. A maioria dos homens é inteligente o suficiente para saber quanto uma menina é experiente nisso. Então, evite falar e perguntar sobre experiências passadas.

A DIFERENÇA ENTRE QUERER E PODER

Ambos os sexos são culpados de deixar o seu amor partir. Porque acreditamos na ideia de que o que tiver que ser será. Esqueça. Você é uma mulher segura e focada a partir de agora. Mas existe uma diferença entre aguardar e criar situações. Uma mulher segura deve sempre criar, para depois parecer aguardar. Como você cria? Estando disponível e encontrando homens. É matemático: quanto mais homens você conhecer, mais aumentará sua chance de encontrar o certo. Pare de pensar no negativo e elimine aquelas filosofias baratas de que "todos os homens são iguais" ou "eles nunca querem relacionamento". Você não pode pensar assim se estiver atrás de uma relação, digamos, "perfeita", que une dinheiro e amor ao mesmo tempo.

A maioria dos pretendentes já teve experiências dolorosas no amor. Amor dói, como dizem várias canções. Mas, quando há uma decepção, é preciso desapegar do passado e aprender com a experiência. Em busca do cara certo, faça isso em etapas. Primeiro, seja menos seletiva e concentre-se em conhecer pessoas. Pratique a paquera. Depois de praticar, você começa a analisar os pretendentes e escolhe qual ou quais devem ser levados em consideração. Lembre-se: quando você conhece vários homens, tira a cobrança de um só e compara as possibilidades.

A mulher confiante conhece suas habilidades e sabe o que merece. Ela tem autoestima alta e sabe mostrar isso aos outros.

Essa atitude a torna atraente. E por que isso se torna um atrativo tão poderoso? Porque as pessoas passam o tempo todo querendo ser aprovadas pelas outras. Elas têm medo de dizer o que sentem e expressar insegurança. Outro ponto importante é que as pessoas admiram quem expressa confiança e não querem estar perto de gente que se acha menos. Atenção: não estamos pregando aqui que você deve ser um poço de arrogância; não é isso. Apenas passe a mensagem de que está de bem consigo mesma e é autoconfiante.

Nós, mulheres, interpretamos os sinais corporais melhor que os homens. Enquanto eles são visuais no quesito mais sexual da coisa, nós observamos o comportamento. Por isso, percebemos mais cedo que estamos diante de uma armadilha. Uma mulher que é certa sobre o que quer e sobre o que procura em um homem nunca vai se contentar com apenas um "pedaço" dele. Explicamos: há mulheres por aí que vivem relacionamentos de ilusão, mas inventam desculpas para permanecer neles. "Ele é grosso comigo, mas é um bom pai" ou "Ele não me dá muita atenção, mas me ajuda financeiramente". Essas não são mulheres princesas ou seguras de si. Pelo contrário, são esposas, namoradas ou amantes que nunca terão a perfeição no relacionamento unindo dinheiro e amor.

A DIFERENÇA ENTRE HOMEM E GAROTO

É exatamente aí que está o segredo: procure alguém que já amadureceu – e isso não tem nada a ver com a idade. Saiba como diferenciar um menino imaturo de um homem pronto para a vida e para um relacionamento.

- No namoro: a marca de um verdadeiro homem é sua capacidade de se apaixonar e entrar de cabeça no amor, sem vergonha de mostrar isso e se entregar por completo. Garotos, geralmente, não gostam de se deixar controlar pelo sentimento por outra pessoa e têm medo de depender de alguém. Isso, mais cedo ou mais tarde, leva a relação a grandes frustrações.

Um homem não manda indiretas, não esconde o que sente. Uma vez que demonstra seu interesse, ele não quer começar um jogo – busca apenas um sinal claro de que sua parceira quer o mesmo que ele. Ou de que não quer.

Meninos fazem jogos porque ainda não sabem o que querem. Gostam da adrenalina, da caça. A simples aproximação da companheira, sua vontade de se envolver e seu interesse mais profundo os assusta, faz com que percam a sensação de posse e poder.

- No dia a dia: homens até esperam pelos fins de semana, claro que gostam de sair e de aproveitar as noites, mas têm muito mais perspectiva do que um bar ou balada. São disciplinados, respeitam seus objetivos e obrigações – em um fim de semana, podem ficar em casa descansando ou trabalhando para, no outro, dar uma escapada à cidade vizinha. Garotos, não. Eles vivem para os fins de semana. É praticamente inaceitável não sair na sexta-feira, no sábado e no domingo. Eles não pensam no futuro, apenas no presente e em como manter sua imagem social.

- Na conversa: garotos não gostam de conversar sobre qualquer coisa. Eles evitam assuntos desconfortáveis ou perguntas às quais não sabem responder. Já os homens, por respeito às pessoas, falam sobre todos os temas. E, se não entendem, perguntam (sabem ouvir). Além disso, sempre que possível, um homem deixa claras suas intenções: suas expectativas para o futuro, objetivos, necessidades e aquilo que pode oferecer.

- Na relação: um homem quer uma parceira para a vida, para compartilhar, para dividir e somar. E, como ele já aprendeu a fazer isso do jeito certo, prefere ficar sozinho a estar com a pessoa errada. Já um garoto está mais interessado em se autoafirmar, parecer legal para os amigos, a família e até para ele mesmo. Ele quer alguém que se adapte ao seu jeito, assim não terá preocupações ou chateações (quanto aos sentimentos da outra pessoa, ele não se importa).

- Na confiança: homens têm segurança. Mesmo nos momentos de dúvida, eles sabem que são responsáveis por seu contentamento e estabilidade e se sentem confortáveis em ajudar outras pessoas a brilhar. Eles não precisam de joguinhos nem de autoafirmação, baseiam-se em seu caráter e habilidades. Homens não são arrogantes e não fazem os outros parecerem menores para se sentirem maiores. Garotos são inseguros e precisam de confetes constantemente. Mesmo quando não aparentam ser egoístas, esnobes ou exibidos, têm como prioridade provar-se para os outros a fim de se sentirem parte do mundo.

- Nos objetivos: um homem busca conteúdo. Por mais que ele seja atraído, em um primeiro momento, pela aparência, só vai manter a relação se encontrar inteligência e substância na companheira – ele quer uma parceira, e não uma marionete ou acompanhante. Um garoto, por sua vez, quer uma garota bonita, que fique legal ao lado dele e seja aprovada por seus colegas.

- Nos planos: homem que é homem tem planos para o futuro. Resguarda-se financeiramente e tem projetos para o trabalho. Ele vive o presente e desfruta, mas sempre alinhando seu comportamento com aspirações para a vida. Os garotos vivem puramente o agora – prazeres e realizações efêmeras, limitadas. Eles abdicam da paciência, disciplina e autocontrole, desde que tenham um bom momento.

- Na independência: seja velho ou novo, um homem vive por ele mesmo, cuida de si próprio (nas finanças ou nas tarefas domésticas). É um adulto, independentemente da idade. Para ele, não existe trabalho de homem ou de mulher – ele cozinha, lava e passa também, se for o caso. Um garoto, mesmo que já não viva mais com os pais, depende deles para tudo.

- Na atitude: homens não ficam sentados esperando as coisas acontecerem. Sabem que, para conseguir algo, é preciso dar passos em direção à conquista. Não perdem oportunidades, estão atentos e prontos para ir atrás e fazer acontecer. Garotos são passivos, mesmo quando se trata de seu interesse. É tanta insegurança que, às vezes, perdem chances que estão debaixo do seu nariz. Não arriscam, preferem algo fácil e sem perigos ou trabalho.

ATENÇÃO PARA O SINCERICÍDIO

É fato que a mulher é um ser hormonal. Há dias em que nem a gente se aguenta. Nesta parte do livro você vai analisar algumas verdades para que atitudes erradas, pensamentos ruins e, principalmente, excesso de sinceridade numa frase mal colocada não atrapalhem sua jornada em busca do homem bem-sucedido.

Depreciação feminina — vamos lhe falar uma frase agora que pode parecer forte, mas é sincera: não existe roupa que engorda. Se você está pensando isso, é porque está gorda. Nada de sair por aí procurando desculpas. Homem, geralmente, não tem paciência para os ataques de depreciação feminina, seja quando a mulher está realmente acima do peso, seja quando apenas acha que está. Aprenda a ser objetiva na vida: se você acha que um determinado *look* a engorda, faça uma dieta ou não use aquela roupa. Se você não consegue se reeducar sozinha, invista na ajuda de especialistas. Há diversos métodos com acompanhamento on-line disponíveis hoje no mercado. Mas faça alguma coisa. Não fique procurando problemas nas grades de tamanho das lojas ou no seu quadril. Se estiver acima do peso ou achar que está gorda, vai ficar infeliz e insegura, e isso não é nada atraente.

Psicologia barata: nós, mulheres, temos mania de analisar tudo que acontece a nossa volta. Muitos homens são extremamente racionais e objetivos. Está aí a diferença. Discutir a relação não é um compromisso semanal ou diário. Outra dica: nada de começar e alimentar uma discussão por mensagens de celular. Geralmente, no calor da emoção escrevemos coisas que podem ser interpretadas de diferentes formas, tanto para o bem quanto para o mal. Ah, faça uma autoavaliação. Mulheres falam de seis a oito mil palavras por dia, enquanto eles, de duas a quatro mil. Então não seja a chata tagarela que não deixa seu par respirar. Dose a empolgação.

FELICIDADE JÁ!

Uma mulher segura e desejável é feliz. Os homens ricos parecem amar esse tipo de companheira. Quem não? Mulher feliz alimenta o ego masculino e mostra ao homem a autenticidade de sua pretendente.

Mas atenção: parecer feliz não significa ter um comportamento estranho, forçado ou bobo. Não é ficar rindo feito uma hiena. Significa agir de maneira alegre e positiva. Por quê? Porque todos adoram ficar perto de gente feliz. Ser alegre faz de você um ímã para interações positivas. Os homens também têm consciência de que, quando uma menina é feliz, a sua vida está indo bem. Isso é um sinal de êxito e segurança, atrativos para eles também.

AMOR E SEXO

Dá para ter amor sem sexo e dá para fazer sexo sem amor?

Amor e sexo têm ligação entre si?

Tudo é uma questão do ponto de vista e do que você busca na relação a dois e na sua vida.

Para as pessoas que desejam construir uma relação de afeto com seu parceiro, a atividade sexual somente não basta.

Engana-se quem acha que somente a mulher pode estar à procura de um príncipe encantado para amar. O homem que quer um relacionamento sério com uma mulher também procura por sua princesa.

É sempre bom lembrar que não existem pessoas perfeitas; elas podem sempre melhorar ao longo da vida, mas têm sua personalidade, defeitos e virtudes. Nesse processo de busca de um pelo outro pode ocorrer amor, paixão e sexo. Assim, o sexo, quando acontece, é a tradução mais genuína do desejo que um sente pelo outro.

Quando fazemos amor e quando fazemos sexo?

A versão SEXO se prende a algo mais carnal. Falamos de sexo como um momento de prazer mútuo (ou não) de pessoas que compartilham uma cama, além de outros lugares e coisas. Fazer sexo resume-se a uma relação física fruto de uma atração sexual.

O AMOR está relacionado a sentimento. A procura do prazer alheio sempre é algo a ser buscado no amor. Então, quando diz que vai fazer amor, você está dizendo que vai levar para a cama a expressão máxima do seu sentimento pela pessoa desejada, que vai transbordar através das vias sexuais.

Fazer amor implica sentimento e relacionamento com o parceiro. Esse ato está recheado de ternura e carinho.

É difícil fazer um guia de quando a atividade sexual deve ser praticada e se ela vem acompanhada de amor. Falamos isso porque as pessoas têm comportamentos diferentes quando o assunto é sexualidade. Elas podem estabelecer uma relação sexual apenas pelo prazer e pela atração física.

Outra situação é quando existe todo um envolvimento amoroso entre um casal, por exemplo. Aí, acredita-se que o sexo é um elemento que, além do prazer que proporciona, pode ser um fator para melhorar a saúde e solidificar a relação.

Tanto o homem como a mulher devem partilhar os seus desejos, satisfazendo-os mutuamente. O que vale é que precisa ser bom para os dois!

Numa relação, quando o sexo e o amor se complementam acontece o êxtase! Sexo sem amor geralmente acontece assim: de forma rápida, puramente física, e quando acaba dá vontade de levantar, tomar um banho e ir embora. Sexo com amor resulta numa troca que vai além dos fluidos corporais. Por outro lado, amor sem sexo torna a relação diferente: é a chamada amizade.

Como já dizia Rita Lee em sua música:

Amor sem sexo
É amizade
Sexo sem amor
É vontade

Não tenha medo de arriscar e se permitir. Afinal, o verdadeiro motivo pelo qual fazemos sexo é a busca do prazer, e a razão pela qual fazemos amor é a satisfação. Quando um casal consegue reunir os dois em um sentimento, a relação alcança a perfeição.

Se você não quer ir para a cama logo nos primeiros encontros, exercite algumas atitudes:

- Marque os encontros sempre em locais públicos.

- Evite provocá-lo de todas as maneiras (nenhum homem, rico ou não, gosta desse jogo).

- Deixe o passado para os livros de história: como já dissemos, nada de discutir sua vida sexual com ele.

- Invista em um certo mistério; homens adoram mulheres assim.

- Tenha cuidado com a quantidade de álcool nos encontros (isso pode levá-la a fazer coisas que não gostaria ou das quais se arrependeria depois).

- Cuidado com a sua linguagem corporal. Se você não quer sexo, não deixe o seu corpo e sua roupa mostrarem o contrário!

A grande maioria dos homens ricos detesta:

- Amargura: uma mulher segura raramente é amarga. Isso demonstra infelicidade e problemas. Agindo assim você só os espanta.

- Carência: a mulher segura raramente é necessitada. Por outro lado, homens ricos gostam de cuidar de sua pretendente. É importante ser autossuficiente, mas no limite, para não parecer assustadora ou independente demais.

- Ciúme: homens ricos geralmente detestam mulheres ciumentas. Até porque eles fazem *network* o tempo todo e são sempre muito requisitados. Entenda a rotina e o assédio sobre seu pretendente e se mostre segura.

- Mulheres agressivas: como já dissemos, ele é o macho alfa, ou seja, o homem que manda na relação (ou deixe parecer que sim). Nada de comandos agressivos ou demonstrações de força desnecessárias.

- Mulheres que os envergonham: homens ricos detestam mulheres que os expõem. Eles sabem que essa é uma das piores coisas que podem acontecer.

RESSACA MORAL

A chamada "ressaca moral" feminina é mais comum do que se imagina. O que significa isso? Vivemos no século XXI, em que as mulheres conseguiram muita liberdade de expressão, visto que, no século anterior, queimaram sutiã em praça pública, reivindicaram direitos iguais, adquiriram jornadas duplas, triplas de trabalho e decidiram que também poderiam ter sexo sem envolvimento emocional, como os homens, o famoso "pega, mas não se apega!"

Acontece que muitas, mas muitas mesmo falam que não se envolvem, que são bem resolvidas, que não querem compromisso, só querem aventura, matar o desejo, ter prazer e se divertir. Saem com o parceiro para um sexo casual, vão ao cinema, vão jantar e terminam na cama.

O problema é quando a mulher começa a cobrar comprometimento depois do sexo casual. No começo era apenas uma brincadeira, o tempo foi passando e a saudade apertando. Coloque uma coisa na sua cabeça: se você NÃO estiver sendo correspondida, ENTROU EM UMA FRIA. Caia fora o mais depressa possível, a menos que queira mais sofrimento.

Lembre-se: não escolhemos por quem vamos ou não nos apaixonar, porém podemos escolher se queremos ou não continuar sofrendo.

CAPÍTULO 9

PASSO 5
DEPOIS DA PRIMEIRA IMPRESSÃO, COMO MANTER O INTERESSE?

"É um amor pobre aquele que se pode medir."
William Shakespeare

"Se o amor é fantasia, eu me encontro ultimamente em pleno carnaval." Toquinho e Mutinho

Saber como manter um homem interessado ainda é uma tarefa complicada para muitas mulheres. É preciso adotar algumas posturas que podem influenciar a maneira como as coisas vão evoluir. O fator primordial que faz um homem se apaixonar e ter uma possível relação com uma mulher está no envolvimento emocional profundo baseado no comportamento sexual que ele perceber na parceira.

É seu trabalho despertar esse sentimento emocional profundo no homem. O subconsciente dele define que tipo de mulher para ele você é.

Não estamos dizendo aqui que é o homem que tem que escolher você. Na verdade é você, mulher, que deve saber se aquele homem é o escolhido. Na realidade, a mulher sempre escolhe o homem.

Preste bastante atenção no que você vai ler e aprenda como manter um homem interessado em você (sem dificuldade) desde os primeiros momentos:

- Esteja curada emocionalmente de qualquer relação anterior.
- Homem gosta de desafios e mistérios.
- Mantenha-o interessado, antes mesmo de você se interessar por ele.
- Mentalize quão divertido seria conhecê-lo.

ESTEJA CURADA EMOCIONALMENTE DE QUALQUER RELAÇÃO ANTERIOR

Antes de qualquer coisa, você deve primeiro se certificar de que está totalmente curada emocionalmente de qualquer relação anterior. Assim você estará aberta e disposta a conhecer novas pessoas. Quando estamos presas ao passado, canalizamos a energia para essa situação e acabamos brecando ou até sabotando relacionamentos que poderiam ser benéficos, sem nos darmos conta do que estamos fazendo.

Como já dissemos, o passado fica no passado para que o presente e o futuro sejam melhores. Sendo assim, jamais tenha qualquer conversa usando seu ex como assunto. Fazendo isso você já vai destruir todo e qualquer tipo de envolvimento que possa vir a acontecer. Se tiver que desabafar sobre uma relação anterior, vá para o divã de um psicólogo.

Chegou o momento em que ele pode perguntar há quanto tempo você está solteira. Ele perguntou quanto tempo faz que você está solteira... mas não quer (muito menos precisa) saber com detalhes o que aconteceu com você anos atrás. Isso derruba qualquer chance de ele se interessar por você, então, nada de detalhes!

Você deve estar pensando: "Mas eles insistem em perguntar por que meu último namoro acabou e por que estou solteira. O que falar, então, quando ele perguntar isso?" Bom, qual é a primeira coisa que você fala? No mínimo que o relacionamento anterior não deu muito certo, ou que vocês eram muito diferentes etc. Isso vai acabar dando espaço para ele fazer novas perguntas sobre seu ex. Aí é fatal! Se você for fraca, acabará se envolvendo emocionalmente e começará a contar uma novela, com momentos bons e ruins e, sem perceber, irá se sabotar. Sim, porque uma hora você deve comentar que era ciumenta ou que brigava muito com o ex, por exemplo. Quer piorar ainda mais a situação? Depois dessa abertura, você se empolga e começa a contar tudo sobre você, sem filtro algum. Só falta terminar a conversa dizendo: "Eu sei que a maioria dos homens não presta" ou "Homem é tudo igual"... NÃO FAÇA ISSO!

Aposto que você pensou: "Ah! Que exagero! Não falaria isso nunca a um homem que nem conheço". Você poderia não falar usando essas palavras, mas o que não sabe é que já transmitiu a mensagem e ele já tomou uma decisão: SE AFASTAR DE VOCÊ.

Se você não quer que isso aconteça, quer saber realmente a arte de manter um homem interessado, seja esperta, solte uma indireta e jogue de volta pra ele a pergunta. Se ele indagar por que você está solteira ou por que terminou o namoro, dê uma resposta simples: "Deve ser porque ninguém consegue me conquistar!" E sorria!

Viu como é mais divertido? Provavelmente ele vai rir e soltar outra piada e nem perguntará mais nada sobre seu passado. Senão, você já emenda com outra conversa, mudando de assunto.

Lembre-se: atração é uma arte e você precisa manter seu par atraído por você! De novo, por favor, não tente ir atrás de alguém até que você esteja totalmente curada emocionalmente.

SERÁ QUE VOCÊ AINDA ESTÁ LIGADA AO SEU EX?

Muitas de nós não sabem se ainda estão ligadas ao ex. Para ajudá-la a analisar se está curada emocionalmente, elencamos algumas atitudes que podem confirmar o diagnóstico: se você está pronta para outro relacionamento ou não.

- Você bisbilhota seu ex nas redes sociais constantemente.
- Você se pega olhando fotos de vocês quando ainda estavam namorando.
- Ainda tem foto de vocês no seu celular (isso é terrível!).
- Você fala dele o tempo todo para suas amigas ou pessoas próximas, principalmente sobre o que você não gostava nele, procurando sempre uma explicação pra tudo.
- Está carente e precisa de alguém para substituir o ex o mais rápido possível.

Se você se encontra em alguma(s) dessas situações, tudo o que tentar de agora em diante será pura perda de tempo. Procure curar as mágoas de seu último relacionamento para poder dar chance a seu novo par.

Se o seu relacionamento não deu certo, você já voltou com ele – várias vezes, por sinal – e não teve sucesso, evite perder tempo. Siga em frente! Para repor um amor, nada melhor que uma nova paixão. Permita-se!

HOMEM GOSTA DE DESAFIOS E MISTÉRIOS

Fale de você, sim, mas nunca o deixe saber tudo. Os homens gostam de desafios e mistérios. No entanto, quanto mais você deixa as coisas no ar, mais querem saber e saber.

Já ouviu o ditado "a primeira impressão é a que fica"? Pois é, faz todo o sentido quando o assunto é conhecer novas pessoas. Se você passar a impressão de que é uma mulher autoconfiante, misteriosa e desafiadora, ele vai vê-la como uma companheira de respeito e perceberá que terá um grande desafio à frente: conquistá-la.

Portanto, firme o olhar e pergunte sobre ele, olhando no fundo dos olhos. Analise: veja se ele é um homem que realmente a merece. Esteja sorrindo, mantenha uma linguagem corporal firme, espontânea e totalmente equilibrada emocionalmente. Ele vai perceber tudo isso, pode ter certeza.

Como já dissemos anteriormente, é você quem deve saber se ele é o escolhido, verifique se ele tem os valores parecidos com os seus.

O que mantém um casal junto são planos em comum. Ter os mesmos valores significa avançar um passo na relação. Se não existir isso, esqueça. O maior problema das mulheres hoje é tentar um relacionamento com o homem errado. Mesmo tendo consciência disso, sabendo que no fundo aquele homem não é o certo, ela continua tentando. ATENÇÃO: dessa forma você está sendo escolhida por ele e não o contrário. E pode ter certeza de que, se ele for um canalha, só vai querer brincar com você. Então, fique atenta!

COMO OS OUTROS A VEEM

É importante entender que a forma como interagimos diz muito sobre nós. Tensão na conversa pode passar uma ideia de falsidade. Esteja segura e à vontade, afinal, se você tomou as rédeas de sua vida amorosa é porque pode e deve ser feliz e não aceitou a alternativa de apenas sentar e esperar que o príncipe encantado apareça na sua frente. Simples assim. Se o relacionamento começa em uma conversa e você provou a ele que é boa nisso, deve se concentrar em outras duas táticas: crie uma certa intriga para gerar um interesse emocional. Sabe aquela história de que homens adoram mulheres misteriosas? Isso mesmo. Não entregue tudo de bandeja e de uma vez só. E não discuta somente um assunto. Se você só falar de trabalho, ele vai perceber que você não tem equilíbrio em sua vida. Se só falar de romances, vai parecer uma desesperada por algo a mais. Cuidado! Mover a conversa da lógica para o emocional cria uma conexão. Faça perguntas que levem a pessoa a falar sobre seus interesses ou paixões.

E lembre-se: perguntas óbvias não requerem respostas óbvias. A dica primordial é: mantenha a riqueza dos diálogos que se seguirão depois do encontro, via troca de mensagens on-line ou por telefone, por exemplo. É uma forma de manter seu pretendente encantado e focado em você. Ah, nem precisamos dizer que você não deve usar muito esse artifício nem nunca discutir por *chat*, certo? O que é escrito pode ter dupla interpretação e pode acabar melando seu relacionamento. Esteja atenta ao que sinaliza a ele!

MANTENHA-O INTERESSADO, ANTES MESMO DE VOCÊ SE INTERESSAR POR ELE

Você conseguiu identificar que ele é realmente o homem escolhido? Analisou tudo? Fez as perguntas certas que batem com seus planos e valores? É nesse ponto que as mulheres poderosas sabem se diferenciar.

No começo, tudo é como uma negociação. Ou você negocia certo ou põe tudo a perder. Faça com que ele se sinta desafiado: dê uma de difícil. Mas não confunda ser difícil com ser chata. Obedeça às regras básicas que listamos a seguir:

- Deixe que ele sempre tome a iniciativa, ou, pelo menos, que pense que está no comando (de vez em quando, surpreenda-o, mas sem colocar em xeque a sua liderança. Lembre-se: ele é quem comanda porque é o macho).
- Não fique esperando que ele a impressione. Homens são mais práticos e racionais que mulheres. Simples assim.
- Evite discutir a relação sem necessidade. Homens se cansam disso.

EXERCÍCIO DO BEM

Agora, queremos que faça algo primordial. Liste cinco motivos pelos quais o homem que você está cortejando deveria convidar você para sair de novo. Pode ser também com relação ao primeiro encontro, só precisamos que seja sincera – e liste a lápis os motivos:

1. ....
2. ....
3. ....
4. ....
5. ....

Deixe essa lista de lado e procure algo para se divertir. Você apenas fez um resumo de suas condutas que podem ou não atrair o par e pronto. Escrever isso é exteriorizar e ser sincera sobre o que espera e o que pretende passar para as pessoas. Por isso é importante.

TELEFONE: UM CAPÍTULO À PARTE

Com tanta tecnologia atualmente, nada de aceitar a desculpa de que ele tentou ligar e não conseguiu. Já dissemos e repetimos: quando um homem quer, ele vai atrás. Nada de ficar inventando histórias do tipo: "Ele é muito ocupado" ou "Ele viaja demais, tenho que entender". Se você não se impuser agora, não conseguirá fazê-lo se tiverem um relacionamento. Aliás, aí está a questão: você realmente quer se relacionar com alguém que não lhe dá tanta importância a ponto de não fazer um telefonema? Claro que não, né? Lembre-se: os homens nunca são extremamente ocupados quando se trata de conseguir o que desejam.

ENTENDENDO O CÉREBRO E O CORAÇÃO DELE

Amiga, entenda de uma vez por todas: quando um homem quer algo, ele vai atrás. E é isso que também acontece no relacionamento.

Se ele não ligou mais depois do encontro ou inventou desculpas para não repetir a dose, o diagnóstico é um só: ele não está a fim de você.

Aliás, conhecemos muitas mulheres que namoram sozinhas, sabe como é isso? Você sai com o cidadão uma ou duas vezes e já começa a combinar mentalmente como seriam os nomes dos filhos ou pega o sobrenome dele e já vê como ficaria inserido no seu. Para você, vocês estão namorando e você tem que ser fiel a ele. Para ele, estão se conhecendo e não há ainda nenhuma regra de exclusividade estabelecida.

Se as coisas não caminharem como imaginou, se saírem algumas vezes e perceberem que não combinam em alguns pensamentos, cultive a amizade. Pode acontecer de até combinar em ideias, mas, na hora da pele, a química não funciona. Para conhecer pessoas ricas, o melhor é estar entre elas, então, se ele permitir e tiver um carinho por você, podem ser amigos, sim, quem disse que não? Homens bem-sucedidos geralmente são bem resolvidos também. Aproveite para aumentar o círculo de amizades, mas só se você tiver gostado realmente da companhia dele, e nunca por oportunismo, ok?

Um pensamento é verdadeiro: conhecimento é poder e, o mais importante, o conhecimento nos economiza tempo e experiências traumáticas. Se você entender os sinais que ele der de que está ou não a fim, nunca mais vai ficar checando o celular para ver se ele retornou ou à espera de um convite no sábado à noite. Confie no seu taco e deixe a vida acontecer, e, sim, pode acontecer de ele não gostar de você e, se esse for o caso, reaja. Assuma a rejeição e bola pra frente. Pode parecer difícil, mas é o mais sensato e correto a fazer. Absorva o que aconteceu, entenda e desapegue: esteja livre para encontrar o que quer e como quer. Aliás, essa é a boa notícia: perder tempo com a pessoa errada é apenas um tempo desperdiçado. E ponto!

Diversos livros procuram decifrar como o homem pensa, e nós podemos lhe adiantar algo: o homem é racional e muito prático. Para ele não interessa que haverá uma reunião cedo e muito importante no dia seguinte se o foco é passar uma noite de amor com você. Como já dissemos, se ele está a fim, vai atrás, até conquistar. E vai pra cima. Então pare de inventar desculpas para o homem, ele não precisa delas. Ele é um ser racional, enquanto nós, mulheres, somos hormonais e sentimentais.

A diferença entre a vida real e a ficção é muito maior do que se imagina. As pessoas são inspiradas a fazer coisas extraordinárias para encontrar e estar com a pessoa que amam. Grandes filmes são feitos sobre esse tipo de relacionamento, que você foi ensinada desde pequena a admirar e buscar.

Homens ricos geralmente estão tão atarefados com as obrigações do dia que fica difícil arrumar desculpas ou criar situações para entreter seu par. Ele vai ligar para você e convidá-la para sair, simples assim. Nada de entrar em desespero ou ter uma crise emocional. Aprenda que milionários são assim - imediatistas - e procure aproveitar o tempo que vão passar juntos. Se ele vier com um papo de que não quer estragar a amizade e quer ir devagar, respeite. Ele deve estar se sentindo atraído, mas tem medo, afinal, continua chamando você para sair. Então, dê tempo ao tempo e nada de cobranças. Se ele realmente gosta de você e por motivos pessoais precisa levar as coisas mais devagar, cuidado. Ele pode não estar bem resolvido emocionalmente e você precisa avaliar se quer entrar nesse mundo de desencontros e dúvidas, certo? Se você tem que estar bem resolvida para procurar um novo par, por que ele não?

SEGREDO DE ESTADO: A REVOLUÇÃO FEMININA

É fato que os homens acompanham a tal revolução sexual feminina (e adoram). Mas há limites para colocar certas atitudes em prática sem ferir a masculinidade de seu par. Eles sabem que as mulheres são capazes de executar as mais duras tarefas, e hoje temos presidentes de grandes empresas, governantes e exemplos femininos bem-sucedidos pelos quatro cantos do mundo. Porém, todo esse movimento também assustou o lado masculino e os fez reagir de maneiras diferentes diante do cenário tão mudado. Em um livro americano muito famoso, intitulado *He's just not that into you*, que no Brasil foi lançado sob o título *Ele simplesmente não está a fim de você*, os autores Greg Behrendt e Liz Tuccillo dizem a verdade sobre os homens. É preciso entendê-los se você quer conquistar um, certo? Em um determinado trecho da obra, Greg fala: "Ao lidar com homens, lembre-se: somos como somos, e não como você gostaria que fôssemos". A coautora, Liz, admite que quando entendeu essa lição sua vida amorosa tornou-se muito mais fácil.

Mais lições avassaladoras? Anote aí:

- Se um homem quer encontrá-la, ele consegue. Simples assim!

- Quando um homem inventa uma desculpa, essa é uma rejeição educada.

- Você é boa o suficiente para ser desejada e até disputada.

- Se seu pretendente não está ligando para você, é porque você não está na mente dele.

- Se ele leva você a criar expectativas e depois não as cumpre, mesmo em relação a pequenas coisas, ele fará o mesmo em relação a grandes coisas. Ou seja, ele pode decepcioná-la.

- "Ocupado" é sinônimo de "idiota" ou "gostosão". Se ele usar isso com você, esqueça!

- Você merece, sim, uma chamada telefônica.

- Quando ele diz: "Eu não quero estar em um relacionamento sério", significa "Eu não quero estar em um relacionamento sério COM VOCÊ". Simples assim.

- Melhor do que nada não é bom o suficiente para você!

- Todos nós dizemos o que somos o tempo todo, então, quando um par diz que não pode ser monogâmico, acredite.

- Companheirismo é maravilhoso, mas companheirismo com sexo, dinheiro e amor é o ideal.

- Se algo está errado na relação, seja madura: fale sobre isso. Nunca deixe que um homem a culpe pela infidelidade dele. Isso é desculpa para homens covardes.

- Quando ele diz "Não quero casar" ou "Não quero casar agora", são coisas muito diferentes. Esteja atenta! Certifique-se sobre a categoria em que ele está.

O PROCESSO DO RELACIONAMENTO

Um relacionamento geralmente apresenta esta fórmula: atração + desafio + valor percebido + ligação + química = possível relação.

O elemento atração nem precisamos explicar muito: se você viu a foto dele ou o conheceu e se sentiu encantada pelo visual de seu pretendente e parece recíproco, bingo, vocês passaram da parte da atração física.

O desafio vem junto com a conquista: na conversa, na troca de olhares, no envolvimento. Depois disso, existe o valor percebido, ou seja, a imagem que você passou para ele e ele para você de quem realmente são. Ele percebe qual tipo de mulher está a sua frente e analisa se vale a pena investir.

Daí partimos para a ligação, quando há uma intimidade maior (não estamos falando de sexo), mas um interesse de ambos. Daí vem, com a intimidade, é claro, a química. Isso tudo junto e misturado pode virar um relacionamento.

É claro que química mesmo, a completa, de achar que vocês beijam bem e se sentem completos na cama, só vai se definir depois, com o andar da relação. Muitas vezes a química acontece quando já existe um envolvimento ou relacionamento em andamento.

Como saber se existe a relação? Em tese, sempre que um homem entra em um relacionamento é porque ele percebe que está com uma mulher especial.

COMO SAIR DA TEMIDA ZONA DA AMIZADE

Tudo certo: você conheceu o cara, gostou dele, saíram, mas ele age apenas como um amigo. Se não é o que você almeja como relacionamento, precisa correr atrás para moldar o que quer.

Pode parecer rude o que vamos falar agora, mas a melhor coisa a fazer para sair da zona da amizade é encontrar alguém novo ou fazer algo novo. Isso vai despertar no "amigo" um sentimento de ciúme ou tirar dele a comodidade de que você está ali, sempre disponível. Outro problema é que um amigo vai sempre falar de outros relacionamentos ou mulheres. Breque isso. Não lhe dê conselhos nem se meta em sua vida amorosa. Discorde dele sempre que achar necessário. Parece um contrassenso, mas uma forma de ser mais atraente é quebrar sua afinidade com ele ao fazer isso. Se ele continuar com a conversa de amigo, deixe claro que ele deve ter limites. Nada de intimidades porque são amigos ou momentos impróprios porque vocês conhecem um ao outro. Seja capaz de ser sexy sem ser vulgar para que ele comece a enxergar você como mulher, e não como amiga. Não esteja disponível sempre que ele quiser. Tenha outros amigos e demonstre que está ocupada. Isso fará com que ele repense seu valor e o que está fazendo.

QUANDO UM HOMEM DESISTE

Se você fizer tudo ao contrário do que sugerimos anteriormente, o seu pretendente vai desistir de continuar. Depois que ele desiste, é você quem acaba entrando no jogo dele, principalmente se for insegura e fraca. Aí você perde, afinal, interessou-se mais por ele antes mesmo de conseguir atraí-lo pra valer. Se ele não quiser mais o relacionamento, você pode ter perdido a chance de conhecer o amor de sua vida, ou um grande companheiro, por causa de uma sucessão de besteiras que fez.

Mostre-se segura e interessada. Não deixe que só o homem tome as iniciativas. Faça perguntas, interrogue-o. Deixe sua linguagem corporal falar por você. Faça parecer que você está no comando, sem ferir a virilidade dele. Por exemplo, ao chegar a um restaurante, deixe que ele faça o pedido ao garçom, não você. Boa parte dos homens adora se posicionar como o comandante da situação. Ele gosta da ilusão (ou não) de que você depende dele. Pequenas atitudes como deixar que ele a busque em casa, aguardar que ele abra a porta do carro para você e esperar que ele tome a iniciativa no sexo vão atraí-lo muito. Se ele for de outro tipo, vai deixar para você a iniciativa de fazer o pedido. Você, por educação e bom senso, vai perguntar o que ele prefere.

MENTALIZE QUÃO DIVERTIDO SERIA CONHECÊ-LO

Mostre a ele que você é divertida. Ele vai adorar. Não estamos sugerindo que você seja uma hiena ou palhaça, mas homens adoram mulheres que mantêm o bom humor em qualquer situação. Encontre maneiras de mostrar a ele que todo mundo gosta da sua companhia. Você é bem requisitada. Nada de exagero, a ponto de parecer artificial. Seja sutil.

Não dê atenção exclusiva a ele, afinal, você tem outras coisas pra fazer. Ler um livro, praticar algum esporte, sair com suas amigas, conhecer outras pessoas e, claro, se divertir! Mostre que ele é um planeta de seu universo, e não sua galáxia. Homens ricos adoram mulheres interessantes e seguras.

Se ele marcar para sair com você de novo, ótimo, significa que você soube exatamente como manter um homem interessado na sua pessoa.

Ao encerrar uma ligação ou no fim de um encontro, sempre tente finalizar antes dele. Assim vai deixá-lo com vontade de mais. Claro que você não deve fazer joguinhos, deve fazer um pouco de charme. Faça com que ele perceba que você está interessada nele, do seu jeito. Por exemplo, se você está desligando antes o telefone ou finalizando o encontro, sugira um próximo encontro, ou diga que vai ligar depois.

Lembre-se: é você quem deve escolhê-lo, e não ele! Pela conversa, analise se ele pode ser um possível escolhido.

Seja independente e não crie expectativas. Se você passou segurança na relação, com certeza atingiu o objetivo e o deixou interessado. Continue seguindo normalmente sua vida, deixe tudo acontecer naturalmente, sempre mostrando que tem objetivos claros e que ele deve segui-los.

Não tenha pressa, fique tranquila. Se o homem realmente gostou de você, ele vai procurá-la. A conquista é um processo. Respeite esse tempo, não force nada. Nada, entendeu?

O QUE NÃO FAZER NA FRENTE DO PARCEIRO

Quando iniciamos um novo relacionamento, sentimos vontade de compartilhar tudo com o ser amado. No entanto, intimidade demais pode atrapalhar o casal. É importante lembrar que, quando estamos em um namoro ou até mesmo em um casamento, devemos nos esforçar para manter nossa privacidade e individualidade. Essa prática é fundamental para a sobrevivência do relacionamento porque, dessa forma, respeitamos o espaço do outro e conseguimos também que ele respeite o nosso, evitando discussões e desentendimentos desnecessários. Sem contar que não é nada sexy envolver o parceiro em algumas situações bem femininas, como depilação, troca de absorvente e um ritual de beleza que exige creme no rosto e no cabelo, por exemplo.

FESTAS: UM CAPÍTULO À PARTE

Vocês já se conheceram, estão se curtindo e parece que nasceu um relacionamento. A partir disso, ele pode querer levá-la a compromissos sociais, e sua postura é muito importante.

O que NÃO fazer ao acompanhar seu milionário em eventos:

- Ser antipática

Você não pode fazer questão de mostrar a todos que não pertence àquele círculo social. Nada de pensar ou agir com a postura de "Olhe para mim, sou diferente" ou "Eu não mostro quem sou, mas o que tenho". Também não fique disputando a atenção do seu par. Ele pode ter outros interesses na festa e você deve entender. Essas ocasiões também servem para finalizar grandes negócios.

- Ser inconveniente

Você não deve querer se inserir demais no cenário, sem respeitar as relações que ali existem. Esse é o comportamento de alguém que procura se esquecer, possivelmente, de um vazio no relacionamento ou dentro de si mesmo. Estar em evidência alimenta a sensação de alívio. Essas atitudes egoístas só reforçam uma carência ou atestam a precariedade do relacionamento. Fuja dessa situação!

- Ser perseguidora

Nada de se transformar em uma espiã no meio do evento, fazendo questionários sobre cada atitude do seu pretendente ou da pessoa com quem ele conversa ou cumprimenta. O controle obsessivo pode ser sinal de um problema sério.

- Ser insegura

Fazer pouco caso do momento ou mostrar que não está interessada não é o caminho. Aliás, é um caminho errado. Esse tipo de atitude demonstra até falta de educação. Assim você vai passar a imagem de mulher insegura e mimada. Não mostre birra nem falta de disposição. Aja como uma dama.

- Ficar mal-humorada

Não mostre que o cenário não lhe agrada ou que algo a incomoda. Esse tipo de coisa sabota o relacionamento. Ninguém suporta ficar ao lado de uma pessoa mal-humorada. O papel de gata borralheira ou patinho feio só chateia e afasta as pessoas. Esteja atenta!

Atitudes adoráveis ao acompanhar seu futuro par em festas:

- Demonstre interesse

Demonstre interesse sincero ao que está acontecendo. Não faça nada de maneira forçada. É preciso saber se colocar no lugar do outro para perceber o que é importante para a pessoa. Isso é essencial.

- Mostre ciúme na hora certa

Comente sobre alguém que falou com ele ou que lhe apresentaram apenas depois do evento e em particular só para mostrar, delicadamente, que você prestou atenção e teve um pouquinho de ciúme. Essa atitude é uma demonstração de equilíbrio e, sobretudo, de inteligência emocional.

- Aja com segurança

Deixe seu par à vontade. Fazendo isso, você passa a mensagem de que vocês estão bem e que você é uma mulher equilibrada. Seja coerente, discreta, agradável e charmosa. Nada de vestir uma personagem. Essa atitude, cedo ou tarde, será desmascarada.

- Seja autêntica

Acima de tudo, seja natural. Mostre ao seu par que está ali e que se sente bem com isso. Mas lembre-se: não faça coisas forçadas para agradar. Melhor conhecer seus limites e não falsear as situações. Se sentir que não quer participar de um evento, é melhor ser sincera. É preferível a constranger seu milionário. Acredite.

INDIVIDUALIDADE NA RELAÇÃO

Procure dedicar algumas horas por semana a atividades que a façam sentir-se bem sem que, necessariamente, seu par esteja junto. Leia, ouça músicas que lhe agradem, converse com uma amiga, veja um filme ou simplesmente fique olhando para o teto. Esses momentos são preciosos e lhe permitem manter sua vida pessoal em dia, embora você tenha um companheiro maravilhoso com quem pode dividir outros momentos especiais.

Aprenda a manter o interesse de seu homem:

- Não seja demasiadamente exigente: todos nós temos pequenos defeitos e grandes virtudes. Não seja extremista na tentativa constante de mudar o comportamento do seu par. Mostre alguma flexibilidade e não implique com ele na busca incessante do ser perfeito (que não existe).
- Mantenha sua boa forma física: não é nenhum segredo que os homens são atraídos por mulheres bonitas e sensuais. Sendo assim, faça um pequeno esforço para manter o seu corpo tonificado e tenha cuidado com a alimentação. Além de

ajudar a manter o interesse dele, você também se tornará uma mulher ainda mais linda.

- Esteja atenta à informação: saiba o que se passa no mundo e leia as manchetes mais relevantes. Os homens gostam de conversas estimulantes, e assim você terá sempre temas atraentes para cativar o seu parceiro, estimulando a comunicação entre o casal e reforçando a ligação entre vocês.
- Tenha bom humor: seja uma mulher divertida e animada. Essa atitude é contagiante e todos os homens adoram uma companheira assim.
- Dedique-se aos seus próprios interesses: não seja uma mulher submissa, sem metas e objetivos. Invista nos seus projetos pessoais. Se existir desejo mútuo real, a relação ficará mais agradável.
- Tente interessar-se pelos passatempos dele: essa é uma forma de conseguir aproximação. Muitos homens são fanáticos por futebol, por isso, se possível, tente torcer pelo mesmo time dele, informe-se sobre o campeonato e entenda as regras de futebol. Isso vai atraí-lo ainda mais.
- Deixe seu pretendente sentir saudade, pelo amor de Deus! Não fique mandando mensagens direto. Há mulheres que sufocam o pobre coitado, a ponto de ele sentir falta de ar. Isso esfria a relação e espanta seu futuro par.
- Veja se você vai conseguir manter o estilo que está mostrando para ele. Não adianta, nos primeiros encontros, estar maquiada, bem arrumada e em cima do salto se não for continuar a se vestir assim. Apareça de diferentes maneiras, até para você não se cansar e ele saber que existem várias mulheres dentro de você.
- Não demonstre falta de determinação feminina: a mulher que deseja manter o seu candidato apaixonado por ela deve estar ciente de que homens não gostam de mulheres inseguras. É importante que você mantenha a postura de mulher, e não de menina. Determinação e segurança são elementos que aproximam o homem da mulher.

- Não espere do outro o que ele não pode ou não quer dar. A responsabilidade de ser feliz é de cada um. Nada de entregar os seus sonhos para ele realizar. A sua decepção poderá ser muito grande.

MANTER A PRIVACIDADE É ESSENCIAL PARA A SOBREVIVÊNCIA DO CASAL

Cada UM (sim, vocês são dois, que são formados por um + um) tem, sim, o direito de ter seu espaço, sua privacidade, seus momentos e fazer o que bem entender com esse tempo livre. Cada um de nós chegou a este mundo sozinho e será assim também quando vocês terminarem. É natural que as pessoas sejam meio egoístas, às vezes.

Note que não estamos incluindo aqui pessoas com segundas intenções, apenas aquelas que querem ter um tempo para si e fazer nele o que bem entenderem, sem que isso leve ao término do namoro por justa causa.

Vamos explicar melhor: se a pessoa quer ficar em casa, ouvindo música sozinha, ou ir até a praia para refletir sobre como a vida dá voltas, ela pode e deve fazer isso. E você não pode, sob nenhuma circunstância, negar a ela esse direito.

E se você não confiar - o que já é bizarro - na pessoa, entenda que quem quer aprontar o faz na sua cara.

A segunda parte dessa questão, obviamente, diz respeito a você mesma: é você que está querendo curtir algo novo, fazer algo que não faz há algum tempo ou quer apenas tirar um tempo para ficar pensando na vida? Faça isso. Quem estiver com você precisará entender, se for algo vital e importante. Mas ATENÇÃO: você não deve concordar com limites que não sejam os do bom senso. Nessa hora, a pessoa não pode proibir você de ser ou fazer o que estiver com vontade. Isso não é um namoro saudável, é uma prisão, e ninguém quer se sentir frustrado por não poder fazer algo que gosta e/ou precisa.

Então, resumindo, se um dos dois precisar de um tempo para si mesmo, permita. Se faltar confiança, reflita se vale a pena manter um namoro assim. E se for você que estiver a fim de um espaço maior, explique. Precisa ser simples assim: não dá pra ser diferente. Precisa ser fácil, claro, e o respeito pelo espaço alheio deve sempre existir.

Para isso acontecer é importante deixar claro, conversar e explicar tudo. Na verdade, isso deveria ser um comportamento padrão, mas viver num mundo cheio de possibilidades faz mal à cabeça de algumas pessoas, e essa necessidade que sentimos de prender a pessoa vem daí, provavelmente.

O relacionamento precisa ser libertador, precisa ter muita confiança, precisa de espaço para os dois serem um quando quiserem. E precisa ser honesto sempre.

Ele quer sair com os amigos? Deixe! Ele precisa tirar um dia de folga e se jogar na frente do computador pra ficar ouvindo música sozinho? Ok! As pessoas precisam ter um pouco de espaço na vida. Esses momentos reflexivos farão bem para ambos. Acredite!

COMO SABER SE VOCÊS ESTÃO NAMORANDO?

Atualmente, são tantas as variações de relacionamento, principalmente no início, que ficamos loucas, certo? Bem, o homem costuma dar algumas dicas sobre isso. Porém, dizer que acaba de sair de uma relação difícil e que não quer se envolver é blá-blá-blá. Se ele disser a você que quer ser seu amigo, lembre-se de que amigo de verdade não faz você chorar antes de dormir e amigo não beija na boca! Enfim, seja sincera consigo mesma e não fantasie sobre o futuro da relação. Ah, se você vier com o pensamento de que é melhor ter seu parceiro pela metade do que ficar sozinha, desista de continuar a ler este livro. Se você pensar assim, nunca será uma mulher segura! Atenção!

Como já falamos que a base do relacionamento com um milionário é a sinceridade, converse sem pressão. É preciso analisar e chegar a uma conclusão sobre que tipo de relação você tem com ele. Mas nada de fazer essa análise minutos depois de estar com o cara ou após o segundo encontro. Por favor, seja coerente! É claro que no início você deve ser mais cautelosa sobre quanto você dá a ele, deve manter o mistério para não entregar tudo de bandeja, mas prudência é algo que deve existir a qualquer momento na relação a dois.

ATÉ ONDE VAI O COMPROMISSO

Homens bem-sucedidos às vezes não querem assumir um compromisso. Seja porque já o fizeram no passado, seja por medo ou mesmo porque não querem se casar. Isso não é impedimento para que sejam felizes, não! Mas é claro que, ao escolher o par, você deve estar ciente do que ele quer e de quais planos vocês têm em comum. E o que influencia também essa decisão? O tempo em que estão juntos. Se estão há cinco anos ou mais namorando, algo está acontecendo e chegou a hora de avaliar o relacionamento.

Por falar em avaliação, se estão se conhecendo e o par simplesmente some, não quer dizer que foi abduzido. Ele simplesmente não está a fim de você. Nada de correr atrás ou arrumar justificativas para o sumiço do moço. Ele simplesmente não teve coragem de dispensá-la olhando nos olhos e ponto final. Você iria querer ficar com alguém que foge das responsabilidades? Melhor não, né?

É verdade que mulheres conseguem se aprofundar tanto em uma relação que você corre o risco de deixá-lo acabar com sua vida em curto prazo... Mas relaxe. Ninguém morre de amor, que dirá de separação ou rompimento.

A maneira mais rápida de corrigir esse erro é aprender com ele. E rápido, antes de qualquer outro foco que gaste seu precioso tempo! Como aprender com isso? Analise. Descubra onde errou e por que fingiu não ver sinais, afinal, você devia ter percebido que ele mentiu pra você. Atenção: não desperdice o seu precioso coração e sua mente tentando descobrir por que ele fez o que fez. A única coisa que você precisa saber é realmente uma boa notícia: ele desapareceu. Aleluia. Muitas vezes podemos chamar essa situação de distância emocional. O momento em que você precisa de espaço para saber o que realmente quer. Esteja ciente de que rompimentos são horríveis, mas necessários para nossa evolução e crescimento.

OPS, ELE É CASADO

Quando investimos em um relacionamento e percebemos que estamos apaixonadas por alguém casado, devemos ter em mente algumas regras:

- Ele não é seu, ainda é dela e poderá continuar sendo sempre dela!
- Existem outros caras solteiros e a fim de relacionamento.
- Se ele tem o hábito de gritar com a esposa ou fazê-la chorar, não se iluda, um dia ele fará isso com você.
- Não estacione sua vida sendo sempre a outra.
- Você aceitou sair com um homem casado, portanto saiba que as datas importantes serão dela, e ele estará com você quando der.

Por que escolheu entrar em bola dividida?

ACHA QUE ACERTOU? OU NÃO?

Se você acha que está saindo com um homem que pode ser seu futuro parceiro, parabéns! Porém, muitas de nós têm dúvidas sobre a escolha da pessoa certa. Para isso existem os chamados "matchmakers", ou melhor, os "casamenteiros" profissionais. Esse tipo de serviço é comum no exterior e começa a engatinhar no Brasil.

Nos Estados Unidos, uma apresentadora de televisão já virou referência no mercado de casamentos arranjados. Patti Stanger é conhecida por estrelar e produzir seu próprio *reality show* de encontros casamenteiros, chamado *The Millionaire Matchmaker*, na TV Bravo. Ela também é fundadora e CEO da Millionaire's Club International, Inc., um serviço casamenteiro profissional para homens bem-sucedidos.

Como esse tipo de coisa é pouco difundido nacionalmente, vamos explicar um pouco mais a fundo. Empresas sérias que planejam casamentos lá fora fazem muito mais do que caçar um perfil de homem ou mulher que agrade.

Um "matchmaking", ou seja, um casamenteiro profissional, ajuda as pessoas a encontrarem o amor, reunindo-as de uma maneira nunca vista antes, para um relacionamento sério e/ou até casamento. Mais do que isso, esse profissional realmente ajuda pessoas a encontrarem sua alma gêmea. Podemos dizer que ele coloca as pessoas de uma maneira mais eficiente no mercado, já que faz uma análise visual e comportamental delas, a fim de definir seu perfil ideal de companheiro.

Mais do que somente agendar encontros, o *matchmaking* ensina você a enxergar as coisas de maneira positiva e a leva a fazer uma autoanálise, com o intuito de entender seu passado e como isso afeta seus padrões atuais de namoro. Dessa forma você minimiza repetições de erros e detecta o que tem feito fracassar sua busca por alguém.

Esse profissional pode ainda servir como um conselheiro durante o processo em que você vai conhecer candidatos e, automaticamente, você estará revendo seus valores.

Antes de marcar um encontro para você, o casamenteiro já traçou o perfil do homem que lhe agrada e que combinou com suas principais características, assim não há perda de tempo. Ficou curiosa? Em breve esse serviço terá a versão brasileira e milionários poderão escolher suas companheiras com a ajuda de uma ferramenta e equipe profissionais.

TRAÇANDO UM NOVO RUMO

Sabe aquela história de que você precisa beijar vários sapos para encontrar o príncipe? Esqueça. Vamos ter objetivo traçado neste livro e, se por acaso você errar, e em vez de escolher um sapo pegar um ogro, vista-se, vá embora e não se esqueça de apagar esse contato de sua agenda do celular. A verdade é uma só: ninguém nasce para ficar sozinho. Porém, não é por desespero de desencalhar que você vai aceitar qualquer coisa, não é mesmo? Vamos esquecer pesquisas ou estatísticas, porque você só precisa acreditar numa coisa: que é linda por dentro e por fora, além de merecedora de alguém que some em sua vida. Pronto. Basta ter fé e foco.

Agora vamos propor outro exercício primordial: que você escreva os padrões que vai seguir na sua vida afetiva, a fim de evitar problemas. Por exemplo: "Não vou sair com um cara que não demonstrou interesse em me convidar primeiro" ou "Não vou aceitar o convite para jantar de um pretendente que vive me dando desculpas ao telefone". Ou, ainda, "Não vou investir em um futuro par que goste de coisas que não curto, porque é perda de tempo". Enfim, redefina seus padrões e siga-os para que o plano de conseguir o homem rico e ideal dê certo.

Para ajudar você, vamos escrever alguns a seguir. Escolha os que mais condizem com a sua busca pela união de amor e dinheiro:

- Não sairei com pretendentes que marquem encontros em cima da hora.
- Esperarei até o terceiro encontro, pelo menos, para ir para a cama.
- Farei o que me der vontade: não vou vestir máscaras no relacionamento.
- Se testemunhar algo que denigra a imagem de meu futuro par, não irei adiante.
- Só ficarei com um pretendente que tenha os mesmos gostos e objetivos que eu.
- Darei chance somente a homens que tenham algo em comum comigo.
- Aceitarei um homem com filhos, desde que cada um tenha seu espaço.
- Não aceitarei homens com filhos, isso pra mim é um problema.
- Quero filhos do novo relacionamento, sim.
- Não quero filhos do novo relacionamento.

E por aí vai. Você pode inventar sua regra, basta escrever e seguir! Sendo assim, coloque aqui seus novos padrões:

1. ....
2. ....
3. ....
4. ....
5. ....
6. ....
7. ....

CONCLUSÃO

Nossos avós não eram mais felizes que nós, apenas eram mais satisfeitos com o modo como viviam. Não há como agradar todo mundo. Você deve atrair apenas quem você quer, ou seja, aqueles com quem realmente você se identifica. Procure sempre saber sobre ele, pois esse é um dos maiores erros das mulheres – como você vai escolhê-lo se não o conhece suficientemente bem? Escolha! Não seja escolhida!

Se você quer realmente um homem para se relacionar, lembre-se de ser quem você é. Nunca se mascare em alguém que não é só para chamar a atenção dele. No final, os homens sempre percebem sua real identidade.

Quando um homem não quer uma mulher, ele arruma desculpas para tudo: muitas reuniões, trânsito, compromissos, cansaço, mata a mãe várias vezes. Portanto, fique atenta à postura dele. Vemos muitas mulheres que acreditam nas desculpas esfarrapadas que os homens dão e aceitam-nas como verdade plena.

A maioria das grandes coisas que queremos na vida é intimidadora. É isso que torna o fato de estar vivo tão repaginado e emocionante.

Você realmente tem tempo para um cara que não é capaz de convidar você para um café? Me poupe!

Se você acha que essa é a única vez em que vai se decepcionar em sua vida afetiva, temos algo a dizer: não é.

Um pretendente tem dois dias para voltar a ligar, ou duas semanas para querer ver você novamente, quando vocês estiverem saindo e já trocaram carícias íntimas. A boa notícia é que, depois de ler todas as nossas dicas, você ficará *expert* nesse tipo de situação.

O importante é manter a positividade, aprender com os cenários e entender que vida, amor, namoro, tudo é um processo. Haverá altos e baixos, decepções e tentações, e tudo pode demorar um pouco. Não importa quanto tempo levou, você deve aprender que está em busca de algo certo e que você realmente vale a pena.

Aqui vai uma dica MUITO importante: um homem, quando realmente quer uma mulher, atravessa um oceano a nado! Estamos conversadas? Então vamos para o último e decisivo capítulo do livro.

CAPÍTULO 10

Reacendendo a chama para que a relação perdure

"Se você não traçou um plano para si mesmo, é possível que caia no plano de outra pessoa. E adivinhe o que ela planejou para você: não muito." Jim Rohn, palestrante

Se você chegou até aqui, é uma vitoriosa. Se você seguiu cada dica ou passo deste livro, provavelmente está vivenciando agora a fase do "achei meu milionário e quero investir na relação". Tomara!

Leu a frase do início do capítulo? Ela só quer dizer uma coisa: ninguém vai fazer por você. Então, arregace as mangas.

Do céu caem três coisas: água, caca de passarinho e, infelizmente, avião. Não espere coisas boas caírem facilmente em suas mãos. Batalhe pelo que você quer!

Se você ainda não está pronta ou não encontrou seu futuro par, um dia você chega lá. Não desanime e, com certeza, vai precisar ler e reler esta última parte do livro.

A primeira pergunta que você deve fazer antes de tomar a decisão de investir em uma relação é: meu futuro parceiro

SOMA em minha vida? Se a resposta for SIM, ok, podemos continuar. Se você ficar em dúvida, é melhor analisar mais a fundo o relacionamento, e, se a resposta for NÃO, está na hora de mudar de candidato.

Um companheiro deve sempre somar, nunca atrapalhar você ou o relacionamento, e enxergá-la como uma parceira para o que der e vier.

Fique longe dos "homens-âncora"! Aqueles que brecam você, param a sua vida, levam-na para o fundo do mar, atrapalham seus projetos, não a deixam crescer, sonhar grande, nem ser feliz! Perder tempo, NUNCA mais!

O CHAMADO RELACIONAMENTO SUGAR

Quando um *Sugar Daddy* se une a uma *Sugar Baby*, nasce o relacionamento Sugar, aquele em que é possível unir amor e dinheiro, sem preconceitos. Ao conhecer esse universo, você deve começar a questionar sobre as diferenças entre as relações tradicionais e um relacionamento com seu milionário.

Grande parte das pessoas acha que o relacionamento em que amor e dinheiro andam juntos é MUITO diferente das relações tradicionais. Existem poucas diferenças entre eles, mas não um abismo de cenários. Na verdade, eles até se assemelham em algumas fases, mas a principal diferença aqui é que, no relacionamento Sugar, tudo é pré-combinado, nada fica escondido e a sinceridade é o pilar da relação. Ou você acha que amor e uma cabana pagam as contas no fim do mês? Não, não pagam e acabam com qualquer chance de relacionamento, você sabe muito bem disso.

Outra diferença do relacionamento com os milionários é que os envolvidos têm, necessariamente, benefícios mútuos, previamente conversados e combinados. Como já dissemos anteriormente, a transparência, a clareza e a honestidade são fundamentais nesse tipo de envolvimento.

Assim, fica estabelecido que um homem maduro e realizado procura uma jovem e atraente mulher para investir nos desejos dela, recebendo em troca companhia, frescor, alegria e intensidade em sua vida.

A sociedade critica essa posição porque acredita que apenas os namoros clássicos envolvem carinho, amor e companheirismo. Isso é uma MENTIRA.

No relacionamento que tem como base a junção do amor com o dinheiro, há também espaço para dividir momentos muito especiais, com sentimentos de respeito, confiança e amizade. Aliás, há diversos casos de romances e até casamentos bem-sucedidos. Donald Trump (não estamos falando de sua posição política) é o exemplo mais moderno de relacionamento Sugar atualmente.

Outra vantagem desse tipo de relação é que dificilmente você e seu parceiro cairão na rotina e ficarão acomodados. Sim, porque você deve andar sempre bonita e atraente para seu parceiro, enquanto ele sempre terá um novo restaurante e destinos de viagens diferentes para levá-la. Isso sem falar nos presentes, conforto e estabilidade.

ALIMENTANDO A RELAÇÃO

Estando ao lado de um homem bem-sucedido, você deve começar a criar hábitos que são peculiares à sua rotina. Podemos citar aqui três fatores que devem ajudar você a manter o relacionamento de forma harmoniosa.

1. Investimento intelectual

Milionários listam seus objetivos e fazem planejamento para alcançá-los. Eles também leem mais e estão sempre em busca de conhecimento, aperfeiçoamento profissional e pessoal. Então, esforce-se para acompanhá-lo, mas pensando em investir em você também. Se não quiser se aplicar em leitura, invista em um curso, mas nunca pare de alimentar a mente. Ela é a parte do corpo mais poderosa de qualquer ser humano, porque o que geramos nela pode nos levantar ou simplesmente nos afundar pra valer. Sendo assim, você deve investir, por exemplo, em livros de desenvolvimento pessoal e assistir a palestras motivacionais. Isso é fundamental. À medida que você começar a transformar seus pensamentos, suas inseguranças desaparecerão. Faça um exercício: leia dez páginas de um livro de desenvolvimento pessoal antes de dormir, todas as noites. Comece o seu dia ouvindo discursos motivacionais enquanto você está se arrumando. Reserve um momento para se concentrar em suas inseguranças e trabalhe para esquecê-las. Quando você sabe quem você é e o que MERECE, você tem muito mais chances de conquistar seus objetivos.

2. A importância de uma vida saudável

A maioria das pessoas com melhores condições financeiras, por exemplo, fazem mais exercícios físicos e consomem menos calorias. Elas acordam mais cedo para fazer o dia render e poder cumprir a lista de tarefas com exatidão. Tudo de forma leve e saudável. Então, estabeleça uma rotina para acompanhar seu par ou mesmo para cuidar de si mesma.

3. Otimização do tempo

Ricos fazem mais trabalho voluntário, aproveitam melhor cada momento do dia, pensam mais antes de falar, veem menos televisão (inclusive, não assistem a *reality shows*) e fazem um excelente networking o tempo todo. Essas pessoas sabem otimizar o bem mais precioso que têm: o tempo. Porque sempre estão ocupadíssimas e são disputadas. Sendo assim, evite discutir a relação, não amole seu par e aprenda a curtir cada momento.

EMPREGUE CONFIANÇA EM SEU RELACIONAMENTO

"Continue andando. Haverá a chance de você ser barrado por um obstáculo, talvez por algo que você nem espere. Mas siga, até porque eu nunca ouvi falar de ninguém que tenha sido barrado enquanto estava parado." (Charles F. Kettering, inventor)

Há uma frase que diz: "Arrogância é quando você pensa que é melhor do que alguém. A confiança é saber que ninguém é melhor do que você". A linha entre as duas pode ser tênue, mas é importante saber diferenciá-las.

O EXERCÍCIO DO ESPELHO

Sejamos sinceras: muitas vezes não amamos nosso corpo. Quase todos os dias pode surgir algo novo, como uma ruguinha aqui, uma coisinha ali. Em alguns momentos, você não se sente tão atraente como gostaria. Quando isso acontecer, fique diante de um espelho e olhe para você. Repare em todas as partes que adora em seu corpo: pernas, seios, olhos, bumbum, colo, enfim, liste o que mais gosta. Diga em voz alta e repita. Assim você passa comandos para sua mente e joga para o Universo. ATENÇÃO: você não pode sair da frente do espelho até nomear pelo menos dez partes e se sentir confortável com a sua aparência. Ao sentir-se confortável com o próprio corpo, você aprende a se amar. Tudo muda a partir daí: o seu comportamento, a sua linguagem corporal e a maneira pela qual as pessoas veem você.

POSITIVIDADE JÁ!

Nunca aponte erros nos outros nem faça críticas. Essas atitudes fazem parte de um manual de conduta de pessoas inseguras, invejosas e infelizes. Elogie, espalhe o bem e gere gentileza. Fale sobre como as outras mulheres são bonitas ou sobre o estilo interessante de um homem e permita que apenas a positividade permeie seus pensamentos. Quando começar a pensar que não é bonita, inteligente ou engraçada o suficiente, apague essa ideia o quanto antes. Substitua esses pensamentos por "Eu sou!"

UMA RELAÇÃO DEVE TER TRÊS "AS"

Amizade: o seu companheiro deve ser a primeira pessoa que você procura ao ter uma notícia maravilhosa ou quando acontecer alguma coisa ruim com você. Ele deve ser seu melhor amigo, seu confidente e o parceiro para todas as ocasiões.

Admiração: você deve admirá-lo como homem, ser humano e profissional. Deve sentir prazer em ter ao seu lado uma pessoa que possui características e virtudes raras. Admirar a sua inteligência, a capacidade de raciocínio, o poder de se relacionar com os mais diversos tipos de pessoas em qualquer ambiente é essencial. Nunca se esqueça de olhar e ver que está ao seu lado um homem de caráter exemplar, íntegro, honesto, e jamais corrupto.

Atração: os corpos se tocam e a pele arrepia. Quando se beijam, você sente borboletas no estômago. O cheiro (não o perfume que ele usa, e sim o cheiro da pele) do seu amado deve atrair você.

Se você conseguir encontrar um parceiro, sentir nele os "3 As" e ele for rico, PRONTO, você ganhou na loteria! Será com certeza uma mulher muito feliz.

NO RELACIONAMENTO: COISAS QUE VOCÊ NÃO PODE DEIXAR DE FAZER

É só começar uma relação que muitas mulheres deixam de lado várias coisas importantes. Depois o namoro desanda e é um deus nos acuda tentando entender por que tudo acabou. Aqui está uma lista de coisas que você jamais, em tempo algum, pode deixar de fazer numa relação. Anote!

- Nunca deixe de se cuidar

Nada de andar pela casa com creme na cara ou usar o banheiro com a porta aberta. O ideal é manter um mistério constante, e vamos combinar que certos segredinhos de sua higiene pessoal não precisam ser compartilhados, não é?

- Mantenha o individualismo

Ele tem direito ao futebol, assim como você pode e deve tomar chope com suas amigas. Manter o relacionamento com outros grupos de amigos que não aquele comum aos dois aumenta o assunto entre o casal, além de fazer um bem danado para ambos.

- Surpreenda

Seja com uma *lingerie*, seja com um jantar. Se tudo parecer complicado demais, uma simples ida inesperada ao motel já serve para reativar a sensação de paixão entre os dois. Pelo menos a cada quinze ou vinte dias, invente alguma coisa para enlouquecer seu parceiro. Vale tudo, até um passeio ao *sex shop* mais próximo.

- Nunca deixe de fazer as coisas de que gosta

Ou que está acostumada a fazer pelo outro. Se você tem o costume de frequentar academia, continue e incentive seu parceiro a acompanhá-la. Se não conseguir, relaxe. Exponha os benefícios que essa atividade traz e explique a ele o porquê de sua ausência em determinados momentos. Manter a individualidade em atividades também pode fazer um bem imenso à relação.

COMO ENFRENTAR DIFICULDADES

Nem tudo são flores. Isso acontece no trabalho e na vida pessoal. No relacionamento, então, nem se fala. Mas, se você chegou até aqui, vai desistir e entregar os pontos nas primeiras dificuldades? Claro que não! No relacionamento que une amor e dinheiro também existem problemas, como em qualquer outra relação, e muitos fatores podem pesar para você querer romper com seu parceiro. Antes de fazer isso, leia os tópicos a seguir.

ANALISE AS QUESTÕES DE PERSONALIDADE

Depois de alguns meses de relacionamento, vocês dois já devem ter estabelecido uma rotina agradável e, de repente, seu homem começa a mudar e torna-se mais possessivo. Ele começou a tratar a relação, supostamente mais casual, de forma diferente, muito mais séria. A personalidade dele não é bem o que você imaginou e você está infeliz. Não pense duas vezes: converse, seja sincera e tente acertar o ponto novamente. Se ele não demonstrar interesse em rever as atitudes ou nada melhorar depois da DR, essa é uma boa razão para o rompimento. Melhor ir embora, antes que fique mais complicado. Certamente existem outros homens que combinam mais com as suas expectativas e que estão dispostos a investir em seus desejos.

PESE A SERIEDADE DA RELAÇÃO

O tempo de relacionamento com um milionário vai depender de quanto cada parte envolvida investiu e da facilidade com que as pessoas têm de trocar de parceiro. Se ele pode ser facilmente substituído, talvez não haja necessidade de mantê-lo. E essa regra serve também para você. Para que isso não aconteça, é necessário entregar-se de corpo e alma. Se você já fez isso e ainda sente que o relacionamento está desgastado, faça uma avaliação: pergunte-se e responda sinceramente se o seu par é realmente aquilo que você sonhou. Há muitas maneiras pelas quais a relação enfraquece e cada uma delas requer uma análise especial. Um relacionamento pode enfraquecer por incompatibilidade de gênios, por problemas externos que acabam minando o dia a dia ou simplesmente pelo desgaste. Cabe aos dois buscar alternativas para apimentar a rotina e tornar memoráveis os poucos momentos que têm juntos (já que milionários nunca têm tempo pra nada e trabalham demais).

MEÇA AS QUESTÕES FINANCEIRAS E MATERIAIS

Já explicamos que uma das premissas do relacionamento com um homem bem-sucedido é o benefício mútuo; qualquer rompimento nesse sentido pode significar o fim da relação. Pense no quanto você depende financeiramente do seu companheiro. Por exemplo, se vocês não moram juntos, é ele quem paga seu aluguel? Nesse caso, tomar a decisão de terminar pode ser algo mais delicado. Você precisa ter certeza de que terá condições de se manter sozinha por um tempo. Por isso lhe dissemos que você deve ter uma reserva financeira, para nesse caso ter autonomia para terminar a relação e não ter que morar embaixo da ponte.

PROBLEMAS DE SEXUALIDADE

O sexo é obviamente uma parte importantíssima de um relacionamento. Talvez você esteja descobrindo que aquele fogo do início se foi. Ou percebeu que o desempenho do seu companheiro não a agrada. Mais uma vez, é você quem deve decidir se compensa continuar na relação. Mas, como falamos antes, esgote todas as tentativas de melhorar antes de decidir romper para valer. Não adianta ficar pulando de galho em galho antes de tentar ajustar as diferenças.

Uma conversa franca e direta, em que você saiba colocar as palavras educadamente e sem ofender, pode eliminar bloqueios, medos, diminuir a ansiedade e dar um norte para que vocês reacendam a chama. Invente brincadeiras novas, surpreenda seu homem, permita-se novas experiências e invista na relação. Só vale jogar tudo para o alto quando você já tiver esgotado sua cota de otimismo e boas intenções.

DESCUBRA VERDADEIRAMENTE A SUA SATISFAÇÃO COM ESSE TIPO DE RELAÇÃO

Uma vez que você decide viver um relacionamento com um milionário, deve estar preparada para as cobranças da sociedade. Não são todas as pessoas que levam numa boa essa configuração, e, muitas vezes, surge o preconceito. Olhe para dentro e escute o que seu coração tem a dizer. É sempre válido colocar tudo em uma balança e avaliar os prós e os contras. Não perca seu tempo com nada que não lhe traga alegria. O que importa de verdade é que você realize seus sonhos e seja muito feliz.

Para uma pessoa falar e dar palpites em sua vida ela deveria "calçar os seus sapatos e andar na sua estrada". Ou seja, ela deveria passar pelo que você está passando ANTES de fazer prejulgamento ou ofender. Isso algumas pessoas aprendem com o tempo e algumas nunca aprenderão!

PARA QUE SERVE UMA RELAÇÃO?

Você já parou para pensar para que serve uma relação? Para ele bancar as suas contas? NÃO! Uma relação deve servir para tornar a vida dos dois mais fácil, alegre e segura. Uma relação tem que servir para você se sentir 100% à vontade com outra pessoa, tranquila para concordar com ela e discordar dela.

Uma relação tem que servir para você ter com quem ir à Europa, ao musical de mãos dadas, para ter alguém que fique de moletom deitado ao seu lado vendo aquele filme antigo e para contemplar experiências. Uma relação serve para acumular boas lembranças, dar risada sem compromisso e evoluir enquanto espírito.

Uma relação deveria servir para, às vezes, estimular você a se produzir e, quase sempre, a ser do jeito que é: de cara lavada, uma pessoa bonita a seu modo.

Uma relação tem que servir para um e outro se sentirem amparados nas suas inquietações, para ensinar a confiar e a respeitar as diferenças que existem entre as pessoas. Ela deve servir para fazer os dois se divertirem demais, mesmo em casa – e principalmente em casa.

Uma relação deveria servir para aliviar as dores um do outro num momento de melancolia, para abrir a garrafa de champanhe e comer com morango dando risada juntos, comemorando o problema superado.

Uma relação tem que servir para um acompanhar o outro nos momentos difíceis, para um perdoar as fraquezas do outro, para ter alguém com quem ficar em silêncio, sem que nenhum dos dois se incomode com isso.

Uma relação, independentemente de quanto se tem na conta, serve para aumentar a felicidade que já existe dentro de você!

EXISTE FÓRMULA MÁGICA PARA MANTER UM RELACIONAMENTO FELIZ?

Manter um relacionamento feliz não é uma tarefa fácil, aliás, isso acontece para poucos.

Exige esforço, respeito e dedicação das duas partes. Não existe fórmula mágica para ter o final de conto de fadas com direito à frase: "E viveram felizes para sempre". No entanto, podemos avaliar algumas atitudes de casais felizes e aplicar isso na prática. São algumas coisas comuns a todos os relacionamentos duradouros que podem ajudar a manter o seu saudável e vivo.

Para que os dois se sintam plenamente satisfeitos na relação, devem existir pequenas atitudes diárias que, no todo, contribuem para que o seu relacionamento seja um sucesso e não um arrependimento.

Apesar de todos os casais procurarem "o segredo" para uma união feliz, a verdade é que não existe apenas um. Para que o relacionamento seja algo bom para ambos os cônjuges, o investimento na relação deve ser diário e várias coisas devem ser ponderadas.

Atitudes sábias são, no geral, o maior segredo que você pode encontrar. Saiba o que deve mudar no seu cotidiano amoroso.

DICAS DO QUE FAZER PARA TER UM RELACIONAMENTO FELIZ

- Converse sem cobranças

Um dos principais componentes de uma união feliz é o diálogo constante. Os casais que vemos felizes são aqueles que conversam muito, mas muito mesmo!

Tudo na vida se resolve com uma boa e franca conversa. Não minta nem omita nada, apenas abra seu coração e ouça com carinho o que o outro tem a dizer. O amor deve estar presente em tudo, inclusive na maneira como conduzimos os diálogos.

O ideal é dialogar sobre tudo: política, economia, futebol, moda, viagens, sonhos, medos, desejos, fantasias etc. Falar com o seu cônjuge vai promover a saúde do relacionamento, pois evita mal-entendidos.

As falhas de comunicação podem originar discussões e isso estraga a harmonia entre o casal. Às vezes você pode falar uma coisa e ele entender outra. Certifique-se de que não haja ruído de comunicação e de que você não esteja sendo mal interpretada.

Saber falar é uma característica muito boa, saber calar também é deveras importante. Veja se ele está preparado, se quer ouvi-la e conversar. Saiba respeitar os momentos de silêncio, de introspecção e reflexão.

Você já ouviu falar que a maioria dos homens entra de vez em quando na "caixa do nada"? Ele fica parado, olhando para o além, muitas vezes com o controle remoto na mão, mudando sem parar os canais, sem ouvir ou ver absolutamente nada. Isso significa que ele NÃO está pensando em nada, não quer nada, absolutamente nada. Você não deve atrapalhar esse momento. Deixe-o, que em breve ele sairá da caixa e voltará para a Terra, de preferência para você!

- Compartilhe

Se você tem que tomar uma decisão, informe o seu parceiro e procure saber o que ele acha do assunto. A vida a dois deve ser partilhada em momentos bons, maus e de incerteza. Certifique-se de que ele está a par do que se passa na sua vida e procure saber o mesmo da parte dele.

Ao assumir compromissos, como festas, jantares e viagens, verifique a agenda dele. Conversem entre vocês antes de confirmar a presença para evitar problemas.

- Preze pela honestidade e confiança

Honestidade e confiança são duas bases importantes para qualquer relacionamento. Não existem duas caras. Não há máscara que dure para sempre. Ser franco com seu parceiro vai aumentar a probabilidade de que ele faça o mesmo com você, além de fortalecer a confiança entre os dois. Evite desconfianças desnecessárias e acredite na bondade do seu cônjuge para garantir a transparência do relacionamento.

- Seja fiel

Isso é uma questão muito importante para a confiança. Se você ama seu companheiro, não se envolva com outras pessoas, pois vai causar uma ruptura na confiança e arruinar a felicidade de vocês. Às vezes isso não vale cinco minutos de prazer!

Caso você desconfie de que o seu parceiro a esteja traindo, tenha certeza antes de fazer uma acusação infundada e estragar a confiança de vez.

Há mulheres que contratam detetive particular para seguir o companheiro. A pergunta que lhe faço é: se ele a estiver traindo, o que você irá fazer? Se a sua resposta for "irei me separar dele para sempre", então vá em frente, contrate mesmo! Agora, se não for fazer nada, para que saber que ele tem outra?

- Mantenha apoio e gratidão

A maioria das pessoas em um relacionamento feliz demonstra e recebe apoio e gratidão.

É vital que o seu parceiro saiba que você valoriza o que ele faz por você. Mostre o seu carinho e agradeça a dedicação dele. Além de revelar preocupação com o seu bem-estar cotidiano, você estará alimentando o sentimento de cumplicidade entre os dois.

Em momentos de tensão profissional ou familiar, ou em momentos de doença ou tristeza, o seu companheiro deve poder contar com o seu apoio. Afinal, se você não o apoia, quem vai fazê-lo?

- Coloque uma pitada de romance

Uma das principais formas de assegurar a felicidade de um casamento é manter o romance vivo. Como?

◆ Elogie o seu parceiro quando estiverem com amigos e parentes. Faça isso de forma sutil e delicada. Com certeza ele irá se sentir muito bem!

◆ Elogie o companheiro quando estiverem a sós e mostre que você o ama. Essa é também uma excelente forma de fazê-lo feliz. Quem não gosta de ouvir uma palavra bonita da pessoa amada?

◆ JAMAIS, em hipótese alguma, repreenda, critique ou humilhe seu parceiro na frente de outras pessoas. Além de desmoralizar o seu amor, passa por grosseira, antipática e causa um tremendo mal-estar entre os presentes.

◆ Faça pequenas surpresas que podem mudar a rotina do seu dia: um bilhetinho no bolso da camisa ou um jantar romântico sem prévio aviso podem indicar ao seu amado que você está pensando nele.

◆ O contato físico tem uma grande importância no romance. Há casais que não se beijam durante o dia todo. Não dão um abraço, não pegam na mão do outro, nem se encostam. Carícias habituais como beijos e abraços são atitudes vitais para manter a chama viva.

◆ Quando estiver em uma festa, não se esqueça dele. Muitos casais se separam na entrada e só se encontram na saída. Fazem rodinha com os amigos, da Luluzinha e do Bolinha, esquecendo seus parceiros.

◆ Não esqueça datas importantes, como o aniversário de namoro, Dia dos Namorados etc.

- Exercite o perdão

O seu parceiro, tal como você, não é uma pessoa perfeita. É importante que ambos aceitem que isso não existe.

Se discutirem, não adie um pedido de desculpas e procure sempre manter o bom ambiente entre os dois.

Aprenda a perdoar seu parceiro quando ele a magoa e sempre o trate como gostaria de ser tratada. Dar e receber perdão são um dos melhores segredos para um relacionamento feliz!

Vale ressaltar que você pode dar o perdão, desde que o motivo da discussão não tenha ferido os seus princípios básicos.

Errar é humano, perdoar é sábio. Agora, se ele errar toda hora, fique atenta e se pergunte: ele está lhe dando o valor que você merece? Se sim, vale a pena continuar.

EPÍLOGO

Ele a faz feliz de verdade?

Para finalizar esse verdadeiro manual de *Como Conseguir um Homem Rico*, vamos fazer um exercício de autoconhecimento (mais um). Escolha um lugar da casa em que você se sinta confortável, em que você possa esvaziar a mente, como se fosse meditar. Pode ser um quarto, sentada em um tapete macio, ou em uma varanda em que você contemple um pôr do sol maravilhoso.

Pergunte ao seu coração se o seu companheiro a faz feliz de verdade. Se sua resposta, após respirar profundamente três vezes, for SIM, meus pêsames!

Pensando dessa forma você será uma pobre rica miserável mulher. Vamos explicar. Ele NÃO precisa e não fará você feliz. Ele não tem esse poder. Você é feliz ou não é! Não espere que o outro a faça feliz. O fato de você ser ou não feliz não depende dele, e sim de você! Você é a ÚNICA pessoa da qual depende a sua felicidade.

Você deve determinar que será feliz em cada situação e em cada momento da sua vida, pois se a sua felicidade depender de alguma pessoa, coisa ou circunstância sobre a face da Terra, você estará com sérios problemas.

Tudo que existe nesta vida muda constantemente: o ser humano, as riquezas, o seu corpo, o clima, o seu chefe, os prazeres, os amigos, sua saúde física e mental, um milhão de coisas. Sim, se continuarmos a lista, será praticamente interminável.

Você precisa decidir ser feliz, independentemente de tudo que existe. Se você tem hoje sua casa vazia ou cheia, seja feliz! Se vai sair acompanhada ou sozinha, seja feliz! Se seu emprego é bem remunerado ou não, seja feliz!

Lembre-se, leitora, você deve ser feliz por si mesma, é só chamar as demais coisas, pessoas, momentos ou situações de "experiências que podem ou não lhe proporcionar momentos de alegria ou tristeza".

Aprenda com as experiências passageiras e viva as que são eternas, como amar, perdoar, ajudar, compreender, aceitar, consolar, de maneira INTENSA.

Há pessoas que dizem: hoje não posso ser feliz porque estou doente, porque não tenho dinheiro, porque faz muito calor, porque está muito frio, porque alguém me insultou, porque alguém deixou de me amar, porque eu não soube me dar valor, porque meu parceiro não é como eu esperava, porque meus filhos não me fazem feliz, porque meus amigos não me satisfazem, porque meu emprego é medíocre e por aí vai.

Ame a vida que tem, mas não porque sua vida é mais fácil que a dos outros. Faça-o porque você decidiu ser feliz como MULHER SEGURA e se responsabilizou por sua felicidade.

Quando você tira essa obrigação do seu parceiro e de qualquer outra pessoa, a vida e o dia a dia ficam mais leves. Nunca deixe nas mãos de ninguém uma responsabilidade tão grande quanto a de assumir e promover a sua felicidade!

Hoje você tem um companheiro, mas já era feliz quando estava solteira. Aliás, nesse ciclo, o fato de você já ter se assumido uma mulher feliz lá atrás fê-la avançar anos-luz em busca do seu objetivo: ser plena em um relacionamento Sugar. Viu só? Nós não apenas lhe ensinamos a conquistar um milionário, mas promovemos uma transformação que revelou a melhor versão de você: a mulher segura, educada, desejável, surpreendente, talentosa e promissora que é. Sim, essa mulher sempre existiu, só estava escondida aí em algum lugar ou quando você mesma se sabotava ao sentir o cheiro de felicidade no ar.

Este livro é um verdadeiro manual de aprendizagem. Podemos dizer que é uma arca de tesouro repleta de dicas e ideias para que você consiga atingir seu objetivo: ser feliz ao lado de um homem que proporciona amor e dinheiro na mesma relação. Uma das últimas dicas que queremos dar (já dissemos no livro, mas queremos reforçar) é: mesmo estando com um homem rico, guarde economias. Você nunca sabe o dia de amanhã.

Antes de fechar o livro, vamos recapitular. Será que você está pronta?

- Ensaie muitas vezes como deve se comportar para que tudo seja perfeito.
- Prepare-se mentalmente e com calma.
- Cheque os cuidados com pele, unhas, cabelos e corpo.
- Avalie seu guarda-roupa de maneira sincera (jogo do espelho).
- Liste os locais em que começará sua busca.
- Ao encontrar seu pretendente, avalie-o: ele é generoso, a trata bem?
- Não se esqueça de manter seu círculo de amigos.
- Nunca precipite as coisas e não espere o sucesso imediato.
- Se você falhar, não desanime.

Escrevemos este livro não só para que você se torne uma mulher segura, mas também para que evolua como ser humano. O conteúdo inserido aqui deve ajudá-la a se reconhecer e trazer à tona a melhor versão de você. Lembre-se: antes de amar alguém você deve se amar primeiro. Dessa forma estará pronta para um relacionamento que valha a pena, com um homem maravilhoso, e terá certeza de que o amor pode ser rico!

Sendo assim, vamos deixar aqui nossa última lição: indique este livro para as amigas e esconda-o das inimigas. Afinal, você teve coragem e discernimento para entender que pode e merece o melhor. E vai conseguir!

MATRIX